英汉文化翻译教学与实践研究

陈璐 罗颖 汪银萍 ◎著

广东旅游出版社
GUANGDONG TRAVEL & TOURISM PRESS
悦读书·悦旅行·悦享人生

中国·广州

图书在版编目（CIP）数据

英汉文化翻译教学与实践研究 / 陈璐，罗颖，汪银萍著 . — 广州：广东旅游出版社，2020.10（2022.3重印）
ISBN 978-7-5570-2391-1

Ⅰ. ①英… Ⅱ. ①陈… ②罗… ③汪… Ⅲ. ①英语－翻译－教学研究－高等学校 Ⅳ. ① H315.9

中国版本图书馆 CIP 数据核字 (2020) 第 246875 号

英汉文化翻译教学与实践研究
Yinghan Wenhua Fanyi Jiaoxue Yu Shijian Yanjiu

广东旅游出版社出版发行
（广州市环市东路 338 号银政大厦西楼 12 楼　邮编：510180）
印刷　河北文盛印刷有限公司
（地址　河北省保定市涿州市东仙坡镇下胡良北口）
广东旅游出版社图书网
www.tourpress.cn
邮购地址：广州市环市东路 338 号银政大厦西楼 12 楼
联系电话：020-87347732　邮编：510180
710 毫米 ×1000 毫米　16 开　11.25 印张　208 千字
2021年3月第1版　2022年3月第2次印刷
定价：48.00 元

［版权所有，侵权必究］

本书如有错页倒装等质量问题，请直接与印刷厂联系换书。

前　言

　　任何文化交流都必须以翻译为前提，离开了翻译，不同语言之间的交流就不可能实现。英语教学应把培养学生对语言的实际应用能力放在首位，这是时代发展的必然要求。但在实际教学过程中，我们往往只重视学生听、说、读、写四种基本技能的提高，而忽视了对学生英汉翻译能力的培养，导致其无法准确、流利地使用两种语言进行沟通表达。

　　在英语界始终存在一种观点，认为只要阅读量足够大，阅读能力和词汇量都会随之提高和扩大，翻译就不成问题了。但事实并非如此。许多学者指出的课堂上教师使用的语法——翻译的单一教学方式和英语课本上的翻译练习根本不能称其为真正意义上的翻译教学。可见翻译不仅应被视为一项综合技能，而且应被视为英语教学的目的之一。对英语教学中文化翻译教学的重视，反映出翻译不但可以作为直接检测学生对知识理解程度和掌握程度的一种有效手段，而且可以成为跨语言活动的必备技能。

　　目前，翻译人才在中国存在一个巨大的缺口。翻译同说与写一样也是产出性技能。但在学习阶段却被忽视了。翻译是与语言行为抉择密切相关的一种语际信息传递的特殊方式，是一种跨文化的信息交流与交换的活动。翻译这个涉及说和写的综合交际能力来说，越来越被社会看重。因此，翻译能力作为综合应用和实用能力之一，是在工作中用得较多的一种技能。它也是综合性很强的技能，包括了各种知识，如：语言学、文艺学、心理学、文化学等等。它有自身的规律及其特点。既有赖于基础教学，同时又需经一定的技能传授和不断的翻译实践。

　　英语学习和母语学习不同，它缺乏直接且真实的语言环境，翻译是架起母语学习和英语学习之间的桥梁。文化翻译是英语教学中不可缺少的一个重要环节，它能使学生分析语言、指示语言的规律与结构，了解语言的文体，转换语言思维，达到准确运用和理解语言的能力。

　　文化翻译是不同文化背景下的两种语言的转换过程，文化翻译的标准是在忠实于准确传递源目的语的基础上，力求译文通顺，使翻译能最大限度地传达出要表达的内容。文化翻译是一个理解和表达的过程，而理解和表达两者在文化翻译过程中又是密切相关的。文化翻译的译者要有深厚的语言功底、丰富的文化修养和敬业精神。

　　文化翻译是文化交流的一条重要途径。文化翻译作品使译者有机会阅读其他文化的作品，进而达到文化交流的目的。因此，文学翻译面临的最大困难往往不是语言本身，而是语言所承载的文化蕴意。不同的生存环境、文化习俗、历史背景等都有可能导致文化差异。文化差异处理的好坏往往是文化翻译成败的关键。鉴于文化翻译的重要性，提高和保证文化翻译的质量便具有极为重要的意义，因此，对文化翻译进行充分的探讨与研究是十分必要的。

目　录

第一章　英汉文化与翻译 ……………………………………… 1
- 第一节　翻译概述 ……………………………………………… 1
- 第二节　英汉文化翻译的原则 ………………………………… 13
- 第三节　英汉文化翻译的策略 ………………………………… 15

第二章　英汉语言文化对比与翻译 …………………………… 21
- 第一节　英汉词汇文化对比与翻译 …………………………… 21
- 第二节　英汉句式文化对比与翻译 …………………………… 32
- 第三节　英汉修辞文化对比与翻译 …………………………… 37

第三章　当代英汉句法文化的对比与翻译 …………………… 49
- 第一节　英汉句法文化的对比 ………………………………… 49
- 第二节　英汉句法文化的翻译 ………………………………… 59

第四章　当代英汉语篇文化的对比与翻译 …………………… 81
- 第一节　英汉语篇文化的对比 ………………………………… 81
- 第二节　英汉语篇文化的翻译 ………………………………… 87

第五章　当代英汉语用文化的对比与翻译 …………………… 99
- 第一节　英汉语用文化的对比 ………………………………… 99
- 第二节　英汉语用文化的翻译 ………………………………… 117

第六章　翻译教学模式研究 …………………………………… 132
- 第一节　以学生为中心的翻译教学 …………………………… 132

第二节　培养跨文化意识的方法 …………………………… 136
第三节　翻译教学中应注意的事项 …………………………… 140
第四节　翻译理论在翻译教学中的实践应用 ………………… 141
第五节　各地大学翻译教学模式研究 ………………………… 158

参考文献 ……………………………………………………… 173

第一章　英汉文化与翻译

第一节　翻译概述

一、翻译的定义

自从人们的翻译活动开始以来,许多人便试图给翻译下定义。一直以来,人们对于翻译的定义都见仁见智,各个翻译研究流派从不同的视角和层面出发,提出了自己的看法。下面我们就来介绍国内外一些学者对翻译的界定。

（一）国外学者对翻译的界定

18世纪英国著名学者约翰逊认为,翻译就是将一种语言换成另一种语言,并保持原文的意思不变。

英国著名语言学家和翻译理论家卡特福德认为,翻译是用一种等值的语言的文本材料去替换另一种语言的文本材料。卡特福德认为翻译主要有两种存在状态,一种是源语,即译出语；另一种是目标语,即译入语。

美国翻译理论家尤金·奈达认为,翻译是指从语义到文体在译语中用最切近且最自然的对等语再现源语的信息。

美国语言学家、翻译理论家罗曼·雅各布逊认为,翻译是用另一种语言解释原文的语言符号。这一定义是从符号学的角度对翻译进行的界定,但是并没有对翻译的目标、标准等做深入的阐释。

纽马克认为,翻译就是把一个文本的意义按原作者所意想的方式移入另一种文字。

苏联语言学派翻译理论家费道罗夫认为,翻译就是用一种语言把另一种语言在内容与形式不可分割的统一中所有已表达出来的东西准确而完全地表达出来。

塞杰尔认为,翻译是由外力激发,以信息科技为依托,随交际方式的变化而变化的一种产业活动。这一定义进一步扩大了翻译的外延,将翻译视为一种产业活动,其动力来自外部,并以信息科技为辅助手段。

罗杰·贝尔认为,翻译是把第一种语言(源语)语篇所表达的东西用第二种语言(目标语)重新表达出来,尽量保持语义与语体方面的等值。

(二)国内学者对翻译的界定

许慎在《说文解字》中曾把"翻"解释为,"翻:飞也。从羽,番声。或从飞。"用现代汉语翻译即是,"翻"意为飞,形声字,羽为形符,番为声符。而对"译"的解释则是,"译(𧦝):传译四夷之言者。从言,𧧮声。"用现代汉语翻译即是:"译"指翻译,即将一种语言文字翻译成另一种语言文字的人。形声字,言为形符,𧧮为声符。

张今认为,翻译是两个语言社会之间的交际过程和交际工具,它的目的是要促进本语言社会的政治、经济和文化进步,它的任务是要把原作中包含的现实世界的逻辑映像或艺术映像,完好无损地从一种语言移注到另一种语言中去。

林天煌认为,翻译是语言活动的一个重要组成部分,是指把一种语言或语言变体的内容变为另一种语言或语言变体的过程或结果,或者是把一种语言材料构成的文本用另一种语言准确而完整地再现出来。

曹明伦认为,翻译是把一种语言符号或信息编码表达的意义用另一种语言符号或信息编码表达出来的富有创造性的文化活动,它包括语内翻译、语际翻译和符际翻译。曹明伦借鉴了雅各布逊的符号学的阐释方法,同时也融入了文化翻译学派的观点。

孙致礼认为,翻译是把一种语言表达的意义用另一种语言传达出来,以达到沟通思想感情、传播文化知识、促进社会文明,尤其是推动译语文化兴旺昌盛的目的。

吴献书认为,翻译是将一种文字之真义全部移至另一种文字而绝不失其风格和神韵。

方梦之认为,翻译是按社会认知需要,在具有不同规则的符号系统之间所做的信息传递过程。

许钧认为,翻译是以符号转换为手段、意义再生为任务的一项跨文化的交际活动。

王以铸认为,好的翻译绝不是把原文的一字一句硬搬过来,而主要的却是要传达原来文章的神韵。

通过以上介绍可以看出,无论是国外学者还是中国学者,都将翻译视为一种文字之间的转换活动。这种转换过程主要包括以下特征：第一，在信息和风格上要力求使翻译作品与源语作品等值；第二，这种等值应是尽可能地接近，而不是机械地生搬硬套，即一味追求形式上的对等，从而牺牲某些更重要的东西；第三，要注意不同体裁的作品在各个方面的诸多不同，不能千篇一律，也就是要注意各种文体在个性上的差别。

二、翻译的价值

在人类社会发展的历史中，翻译是伴随着语言交际的出现而进行的。最初，各族人民之间的相互交往是通过口头语言翻译实现的，因此口头语言翻译必定早于书面语言翻译。而文字一经出现，各民族间的文字翻译也就越来越多。在当今社会，各国间的政治、经济、科技等各领域的交往日益频繁，所有这些交往都离不开翻译。翻译在人类社会前进过程中的价值与作用不言而喻，它肩负着时代的需要、历史的重任，始终与社会的进步、文明的发展、科技的创新、人类的命运休戚与共，紧密相连。本节我们就具体探讨翻译的价值。

（一）翻译的语言价值

从形式上来说，翻译就是一种语言转换活动。也可以说，翻译就其形式而言是一种符号转换活动。任何翻译活动的完成都要经过符号的转换这个过程。而要讨论翻译的语言价值，必然要涉及符号转换活动所带来的一些基本问题。下面就从汉语和西方语言两个角度来探讨翻译对语言发展的价值与影响。

梁启超是对翻译问题有着深刻思考的学者之一，提出了许多重要观点。梁启超的论述涉及语言转换中一个非常重要的问题，即源语中表达新事物、新观念的名词，如果译入语中没有相应的词语，译家有可能采取两种方法：一是沿袭旧名词；二是创造新词语。沿袭旧名词有可能笼统失真，使得旧语与新义不相吻合，起不到翻译的作用，于是创造新词语便成了译者努力的方向。可见，正是由于翻译，使汉语在不断的创新中得到丰富与发展。由此观之，则自译业勃兴后，我国语实质之扩大，其程度为何如者？暂不论"三万五千余语"是否已经完全进入汉语系统，但就词语所带来的新观念而言，其价值不仅仅在于汉语词汇的丰富，汉语实质的扩大更是思想观念的革新，这种直接与间接的作用是需要我们认真关注的。

如果说梁启超已经十分清醒地看到了翻译对于"汉语实质之扩大"所起的重要作用，那么鲁迅先生则无论在认识上，还是在实践中，都把翻译视为改造语言、革新思维的重要事业去对待的。鲁迅认为,"翻译并不仅仅是一种手段,而且本身便是目的。把外国语译成汉语,不仅仅是把外国人的思想、情感介绍给中国人,同时本身便是汉语自身的一种实验。或者说,翻译不仅仅是把外国人的思想、情感介绍给中国人,同时也把外国人的语言方式,也就是产生这种思想、情感的方式,一并介绍给中国。"因此,鲁迅主张"硬译","宁信而不顺是民族文化在空间上的一种拓展,在内涵上的一种丰富"。

从西方语言发展史来看,翻译对于语言改造的特别作用也在历史的进程中不断凸显。其中,马丁·路德的翻译便是一个具有深刻历史内涵的例子。从路德当时所处的历史环境看,路德的翻译对德国语言统一与发展起到了开拓性作用。一方面,路德用德国大众的语言来翻译,这一革命性的尝试以"土生土长"的地方性语言为出发点,在翻译的过程中进行提炼,使其成为规范语言。另一方面,这种具有广泛大众意义的翻译语言的创立,更是扫清了中世纪的德意志语言的积秽,成为其后几百年里书面德语的典范。事实上,在欧洲,不仅仅是德国,在西班牙、法国、意大利等国,翻译都起到了培育现代语言的作用,使得与拉丁语这种公认的"文明语言"相对而言的"俗语言",如西班牙语、德语、法语等,在翻译过程中不断丰富自身,在种种"异"的考验中显示了自身的强劲生命力,最终确立了自我。

当然,我们在强调翻译语言价值的同时,也应当认识到,在历史上,由于翻译策略运用不当,过分重视翻译的"异化",曾对目标语造成不小的负面影响。

(二)翻译的文化价值

翻译在世界文明进程中扮演着重要而独特的角色。社会的发展、文化的积累和丰富与文明的进步是紧密结合在一起的。当今翻译界逐渐达成共识,应当从"跨文化的交流活动"的角度来对翻译进行定义,这也就意味着我们应该从文化的高度去认识、理解和翻译。

季羡林先生在为《中国翻译词典》所写的序言中明确指出:"只要语言文字不同,不管是在一个国家或民族(中华民族包括很多民族)内,还是在众多的国家或民族间,翻译都是必要的。否则思想就无法沟通,文化就难以交流,人类社会也就难以前进。"翻译是因人类相互交流的需要而产生的,从这个意义上说,寻求思想沟通,促进文化交流,便是翻译的目的或任务所在。如果说翻译以克服语言的障碍、变更语言的形式为手段,以传达意义、达到理解、促进交流为目的,那么把翻译理解为一种人类跨文化的交流活动,可以说是一个正确的定位。从这一定位出发,我们也就不难理解翻译在人类文化发展进程中所起的作用了。

从一个民族自身发展来说，任何民族的发展都不能没有传统，而不同时代对传统的阐释与理解，也会赋予传统新的意义与内涵。例如，纵观不同时代对《四书》《五经》的不断"翻译"与不断阐释，我们便可理解，语内翻译是对文化传统的一种丰富，是民族文化得以在时间上不断延续的一种保证。而对民族之间的交流与发展来说，不同民族语言与文化之间的交流，是一种需要。任何一个民族要想获得发展，都必须走出封闭的自我，具备开放性和包容性。不管自身文化有多么辉煌，多么伟大，都不可避免地要与其他文化进行交流。在这种交流过程中，难免会出现碰撞甚至冲突，也正是在这种碰撞和冲突中，不同文化之间才能渐渐相互理解，相互交融。从某种程度上来说，这正是翻译的作用所带来的结果。可以说，翻译与文化的互动同在，正是因为有了翻译，世界人民之间才得以进行文化与思想上的交流。

此外，文化交流的一个重要方面是文学艺术间的交流，文学艺术的渊源是有民族性的，然而其社会功能是世界性的。人类在长期的文明发展史上积累了宝贵的精神财富和物质财富，它是属于全人类的。翻译建立起了连接不同民族与文化的桥梁，使得全世界各族人民可以享有人类祖先所创造的共同财富。

（三）翻译的社会价值

翻译的社会价值主要体现在它对社会交流与发展的强大推动作用，在于对民族精神和国人思维的影响，还在于对社会重大政治运动和变革实践的直接影响等方面。下面就是对翻译的社会价值进行的具体分析。

1. 翻译对社会交流与发展具有推动作用

从本质上来说，翻译的最基本作用之一就是其基于交际的人类心灵的沟通。因为从源头上说，翻译是因人类的交际需要而产生的。正是因为翻译，人类社会从相互阻隔走向相互交往，从封闭走向开放，从狭隘走向开阔。从这点上看，翻译活动具有社会性的特征，其社会价值主要体现在它对社会交流与发展的强大推动作用。可以说，没有旨在沟通人类心灵的跨文化交际活动，即翻译活动，便不可能有人类社会今天的发展成果。

以邹振环所著的《影响中国近代社会的一百种译作》一书为例，从中可以看出翻译是如何以及在哪些方面影响了中国近代社会，对其发展起到推动作用的。邹振环以译本的社会影响为标准，选择了一百种译作。邹振环指出，这些译作"使近代中国人超越了本民族、21世纪、本文化的生活，给他们带来了新的见闻、激动、感悟、灵智与启迪，使他们开始了从狭窄的地域史走向辽阔的世界史的心路历程"。这些译作在不同程度上起到了推动中国社会文化发展的效应和作用，这些作用既有直接的，也有间接的；既有正面的，也有负面的；既有回返影响，也有超越影响。但无论如何，这些译作的接受与传播史，都以其深刻的思想内涵和具体的历史事实为翻译的社会影响提供了难以辩驳的例证。

2. 翻译对社会重大政治运动和变革实践具有重要影响

翻译对于社会的推动力，还在于对社会重大政治运动和变革实践的直接影响。以易卜生的《玩偶之家》这部剧本为例，我们从中可以清楚地看到这部书的翻译对于中国社会，特别是对中国妇女解放运动的巨大影响力。

萧乾认为，《玩偶之家》中的娜拉形象"对我们的影响之大是西方人难以想象的，起自黄帝时代的社会习俗受到了挑战，个人开始维护他们独立思考与行动的权利，中国，这个在亘古未变的山谷中沉睡着的巨人突然从一个使人苦闷的梦魇中惊醒了"。邹振环则认为，"娜拉在'娜拉热'中也演变成一种符号，即成为我们心目中的'革命之天使''社会之警钟''将来社会之先导'和'妇女解放运动的先驱'。"这个符号所揭示的《玩偶之家》的思想深度和广度由此可见一斑，而该剧在中国社会中所产生的全面的影响力也为翻译的作用进行了有力的诠释。

三、翻译的分类

（一）不同标准下的分类

根据不同的标准，可以将翻译进行不同的分类，具体如下。

1. 根据翻译的处理方式，翻译可分为全译、摘译和编译

全译是指对原文文本的语篇和内容进行完整的翻译，这也是翻译实践中最为常见的方式。摘译是指根据译文使用者的需要，仅对原文文本的某些部分进行选择性翻译。编译则是指在对原文文本完整地或有选择性地翻译的同时，对译文内容进行进一步的加工、取舍、调整、扩展或重组。

2. 根据翻译的手段，翻译可分为人工翻译和机器翻译

人工翻译又可分为口译和笔译。机器翻译是现代智能科学和现代对比语言学相结合的产物，可望在某些领域代替人工翻译。

3. 按翻译的工具和成品形式，翻译可以分为口译和笔译。

4. 根据翻译所涉及的语言的形式与意义，翻译可分为语义翻译和交际翻译

语义翻译在译入语语义和句法结构允许的条件下，尽可能准确再现原作上下文的意义。交际翻译则追求译文读者产生的效果尽量等同于原作对原文读者产生的效果。

5. 根据翻译的题材，翻译可分为专业文献翻译、文学翻译和应用文体翻译。

6. 根据译者在翻译时所采取的文化姿态，翻译分为归化翻译和异化翻译

归化翻译就是我们通常所说的意译，是指把在源语文化语境中自然适宜的成分翻译成在译入语言文化语境中自然适宜的成分，使得译入读者能够立即理解。而异化翻译就是我们通常所说的直译，是直接按照源语文化语境的适宜性翻译。

（二）语内翻译、语际翻译和符际翻译

如前所述，雅各布逊认为，翻译是用另一种语言解释原文的语言符号。雅各布逊在《论翻译的语言学问题》一文中，从符号学的角度，即按所涉及的两种代码的性质，将翻译分为语内翻译、语际翻译和符际翻译。下面就分别对这三种翻译进行介绍。

1. 语内翻译

语内翻译就是同一语言间不同语言变体的翻译，如把用古英语写的《贝奥武甫》译成现代英语，把用古汉语写的《史记》译成现代汉语，把长沙话译成普通话，把黑话译成普通语言等。也就是说，语内翻译是用同一语言的另一种符号来阐释其言语符号。英语学习中解释疑难句子常常用到的 paraphrase 实际上也是一种语内翻译，即同一种语言内部的翻译。

语内翻译不一定要指向某个预设的真理，它还可以沿着不同的路线向导不同的目的地，唯一能够确定的是，对同一文本的阐释有着共同的出发点。某种程度上，语内翻译不需要将意指对象完整真实地显现出来，它仅是一种表现形式，体现着人类精神的相互沟通和相互阐发的过程，人类精神文化的不断创造过程使人类的文化不断地丰富起来。

2. 语际翻译

语际翻译是一种语言的符号与另一种语言的符号之间的口头或笔头的转换，如英译汉、汉译英等。也就是说，语际翻译是运用另外一种语言的符号来阐释言语符号。语际翻译就是人们通常所说的翻译，即狭义的翻译。语际翻译意味着两种或多种语言在它们共同构成的跨语言语境中进行的意义交流。

语际翻译是对原文符号在另一种文化中的解读，原文中所有的符号都置身于一个宏观的文化背景之中，或称非语言符号体系之中。要想达到语际翻译层面的对等，就要使处于源语文化中的符号在目的语文化中进行正确的解读与传译。从符号学的角度来讲，一个语言符号的指示意义由三种意义共同

构成：语义意义、句法意义和语用意义。而如何正确地传达出这三种意义便是实现语际翻译的重点所在。

四、翻译的过程

（一）翻译过程简述

翻译活动的过程是一种思维过程，而且是一种有别于任何其他语言活动的思维过程。对于翻译过程，不同的学者有着不同的看法。

奈达认为，翻译的过程主要有四步：一是对原文进行解码；二是把原文信息转化为译文信息；三是对译文进行编码；四是对译文进行检验。在这里，奈达把本来复杂丰富的翻译过程简化成了近乎公式化的语言转化模式，但他并未回答译者对原文的解码有无重要影响，译者对原文信息转化为译文信息这个过程有无重要影响，以及译者对译文的编码有无重要影响这些问题，而这些问题无一不与译者有着密切的关系，并且这些问题都不可能在纯语言的层面得到解决，只能靠译者根据具体的情况能动地加以解决。

斯内尔·霍恩比认为，译文是读者以读者的身份理解原文作者的意图，并将这些意图再创造地传递给另一种文化的读者群的语言表现；译者无论作为原文的读者还是作为译文的作者，其所起的作用都是积极的、创造性的，译者对翻译的操作过程绝不仅仅是被动地接受原文和纯客观地再现原文，而是在基本忠实原文的基础上创造性地再现原文。这就涉及译者的主体性，即译者在翻译过程中对翻译文本的选择理解与对译文的表达。

孙致礼认为，对于翻译的过程，理解、表达、审校的阶段划分比较合理，对中国学生学习翻译更有指导意义。其中，理解是表达的前提，没有准确、透彻的理解，就不可能有准确、透彻的表达。对初学翻译的人来讲，在时间允许的前提下，对原文至少要阅读三遍。第一遍初读原文，掌握全文大意和中心思想，将疑难词做上记号；第二遍细读原文，查资料解决疑难问题；第三遍通读原文，做到完全理解原文的精神。

范仲英认为，理解和表达是翻译的两个过程，并提出"理解是前提，要准确、透彻，要靠上下文，要靠广博知识，表达是关键"。此外，范仲英还提出了"阅读—理解—表达—检验"的翻译过程的公式。

总之，在翻译过程中译者必须付出艰辛的努力。具体来说，既要加强翻译技巧训练以及语言文化的学习，又要努力提高自己的翻译理论水平，充实自己对翻译作品的审美经验，在不同的文化和语境背景下，充分考虑原文作者的情感和意图以及译文读者的需要和喜好，从而综合运用各种翻译原则，达到最好的翻译结果。

（二）翻译的具体过程

1. 文本的选择

翻译首先涉及对翻译文本的选择。谢天振在《译介学》中提出创造性叛逆的命题，其实也正是对译者主体性的认可和论证。查明建、田雨为译者主体性所做的界定如下：译者主体性是指作为翻译主体的译者在尊重翻译对象的前提下，为实现翻译目的而在翻译活动中表现出的主观能动性，其基本特征是翻译主体自觉的文化意识、人文品格和文化审美创造性。

从一定程度上说，译者的主观能动性在译者动笔翻译之前就已开始发挥作用了。在这个阶段，译者的主体性主要体现在对翻译文本的选择、翻译的文化、目的以及翻译策略的确定等方面，选择适当的翻译文本是译者开始翻译活动的前提。通常情况下，译者通过自己阅读或他人的推荐、评价等途径，形成对原作的初步印象，然后会自觉地调动自己的文化意识、鉴赏能力、审美情趣等已有知识结构，对这一印象进行初步的评价与批评。当这一印象与译者的知识体系相近或吻合的时候，译者多表现为对原作文本的肯定与接受。反之，则表现出对文本的否定与排斥。可见，选择什么样的翻译文本，多是译者根据自己个人的喜好而定，体现出了译者强烈的主体意识。不仅如此，文本选择得当也有利于译者主体性的发挥，使译者的风格自然地融于原作者的风格之中，从而产生成功的译作。

翻译的文化目的也是译者在动笔翻译之前主观上已确认了的，翻译不仅是语言符号的转换，更是文化内涵的交流与碰撞，而译者正是这一交流与碰撞的倡导者和实施者。从文化层面上来说，翻译的根本目的是借助翻译文本为译入语提供新的话语，支持或颠覆其主流地位。也就是说，译者在文化目的上有两种选择：一是引入外域文化来论证、坚固本土文化的主体地位；二是引入外域文化来挑战、质疑本土文化的正统地位。译者的选择取决于他对两种文化的感知和认知程度，这也是其主体性的重要体现。翻译的文化目的在很大程度上影响着翻译策略的确定。基于宣扬本土文化的目的自然会使译者在翻译中凸显本土文化的优势，因而多采用归化意译的手法，而基于挑战本土文化的目的则会使译者采用张扬异域文化的风格，因而多采用异化直译等手段。此外，译者的读者意识也是影响翻译策略确定的重要因素。在读者对异域文化认识的初级阶段，译者要更多地借助本土文化来传播介绍异域文化的内涵；当读者对异域文化有了一定的认识后，其审美期待也必将随之提高，此时就不能再过多地依赖本土文化，否则就会显得很不合时宜。

2. 文本的理解

理解是翻译活动的基础，没有正确的理解，就不可能产生正确的译文。无论英语还是汉语，每篇文章都有一个总体构思，文章中词句的含义都与整体内容密切相关。所以，理解原文首先要通读全文，领略整个篇章的大意，而不是拿到文章便开始一字一句翻译。在对全文有了大致了解之后，应着重理解一些比较难的句子或段落，其中包括仔细推敲词义、分析语法、明晰各分句之间的关系。

在翻译实践中常会遇到一些理解难点，在英译汉中，由于英语词汇的词义比较灵活，一词多义的现象比较普遍，许多英语词汇的确定的、充分的词义不在其本身，必须结合上下文才能准确理解。所以英语中有这样的说法："No context, no text."例如：

Battery-electric cars are the most familiar of the alternative-fuel lot. They have been around for years, but limited by short range and long charge time.

电池动力车是人们最熟悉的使用非传统燃料驱动的汽车。这类车出现有好几年了，但受到行驶路程短和充电时间长的限制。

上例中的"charge"在英语中既可以是名词，表示"货物、主管、指控、收费"等；也可以是动词，表示"控告、嘱托、冲锋、使充满"等。可以判断例句中的"charge"是名词，但这并不能帮助我们从"charge"当名词讲时的众多意思中确定其意，还必须根据整个句子的逻辑结构来进行判断。句子的主语是"battery-electric cars"，显然这里的"charge time"指的是"充电时间"。

除了词汇意义的理解外，英译汉中另一个理解难点就是由于不熟悉英语的习惯表达方式，从而容易导致望文生义。例如：

It was zero hour and the surgeon began the operation on him.

误译：零时，外科医生开始为他动手术。

正译：关键时刻，外科医生开始为他动手术。

此外，一些英语长句的理解也是比较困难的。译者应该按照语法规则，分析清楚句中各成分之间的关系，如先搞清该句是简单句还是复合句。若是简单句，则首先要确定其主语和谓语动词，然后再逐个确定其他附属成分或修饰语之间的关系等。若是复合句，则首先要确定是并列复合句还是主从复合句，若是并列复合句，则按简单句的方法对各并列子句进行分析。若是主从复合句，则先分别确定主句和从句，而后弄清各子句的类型，然后再按简单句的方法分析每个句子。

一般来讲，在汉译英的时候译者都认为对汉语的理解不成问题，毕竟是自己的母语。然而事实并非如此。由于汉语高度抽象概括，词义一般比较笼统，所以对词义的理解更应该谨慎仔细。

3. 文本的表达

表达是在实现由源语向译入语信息转换的关键。表达的好坏取决于对源语的理解程度和译者实际运用与驾驭译入语的能力。

就译入语而言，在表达方面首先要做到遣词准确无误，其次还要考虑语体、修辞等因素，切忌随便乱译。例如 a little, yellow, ragged, lame, unshaven beggar，语义比较清楚，有人将其译为"一个要饭的，身材短小，面黄肌瘦，衣衫褴褛，瘸腿，满脸短髭"。这就在表达中出现了各种语体混杂和遣词失当的错误。例如译者没有弄清汉语的"髭"相当于英语的 moustache，且为书面用语，而"要饭的""衣衫褴褛"等词并不属于同一语域。另外，表达还受社会方言、地域方言、作者的创作手法、写作风格以及源语的影响。

在表达时还必须根据具体的情况选择合适的语言单位。如果把句子作为翻译单位，在句子内部又要考虑词素、词、词组、成语等作为翻译单位的对应词语，同时在句子外部还需考虑句子与句子之间的衔接和风格的统一等。由于两种语言之间的差异，译者在翻译单位的对应方面仍会遇到表达的困难。因此，译者必须对两种语言不同的特点进行对比研究，从而找出克服困难的某些具体方法和技巧。

此外，在表达时还要处理好内容与形式的关系。任何语篇都是内容与形式的统一体。内容的表达需要借助一定的形式，特定的形式往往用来表达特定的内容。因此，要做到忠于原文，就要求译者既要善于移植原文的内容，也要善于保存其原有的形式，力求形神具备。所谓形式，一般包括作品的体裁、结构安排、形象塑造、修辞手法等，译文应尽可能将这些形式表现出来，借助"形似"更充分地表达原文的内容。

4. 文本的分层

纽马克认为，在表达的过程中，译者必须在四个层次上对原文和译文负责，即文本层次、粘着层次、自然层次和所指层次。下面就分别进行介绍。

（1）文本层次

文本层次是指原文的字面意义，这是译者首先关注的层次，任何翻译都不能离开原文。原文是翻译活动的起点，也是终点。人们常说，同一个意思，可以有几种不同的表达方法，同一句话，用主动语态还是被动语态，直接引语还是间接引语，有时候差别是很大的。词汇的选择也是如此。在一定的语境中，原文作者最后采纳的那个词，和它的同义词也肯定是有区别的。因此，

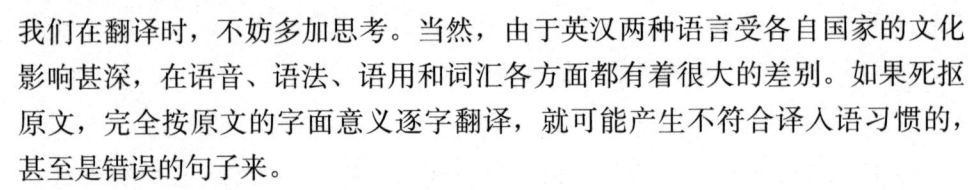

我们在翻译时，不妨多加思考。当然，由于英汉两种语言受各自国家的文化影响甚深，在语音、语法、语用和词汇各方面都有着很大的差别。如果死抠原文，完全按原文的字面意义逐字翻译，就可能产生不符合译入语习惯的，甚至是错误的句子来。

（2）粘着层次

每种语言都有自己独特的衔接方式，衔接方式实际上反映了本族语说话者独特的思维方式。因此，在翻译时不能完全照搬原文的衔接方式，而必须在充分理解原文的基础上用合适的语言去组织译文。粘着层次主要指在段落和语篇的层面上对原文的忠实。有些译文看上去每个句子都是正确的，但是把它们放在一起阅读时却感觉很别扭，不顺畅，这是因为英汉两种语言在语法，尤其是词序上，有着很大的差别。另外，英语和汉语句子的长短与标点规则也很不一致，英语的句子有时可能很长，从句多，译成汉语时需要在适当的地方断句并做必要的调整。总之，译文要通畅，必须在充分考虑到两种语言的语篇差别的基础上，仔细地"衔接"好每一个句子，使之成为一个连贯的整体。

（3）自然层次

自然层次是对译文行文的基本标准。对所有类型的文本，译文都必须自然流畅，符合译入语的习惯。只有极少数例外的情况，初学翻译的人可能常常译出很别扭的译文来，除了本身文字功底尚欠火候之外，主要是过于拘泥原文，选词用字照抄词典，不顾上下文是否合适，过于拘泥原文的句子结构，如词序等。

在翻译过程中，经常会发生译文不自然、不符合译入语习惯的情况。要消除这种现象，译者必须在理解原文的基础上努力排除原文的干扰，用地道的译入语文字表达原文的意思，做到既忠实于原文，又流畅自然。译者可以在完成初稿以后，把它"晾"在一边，过一段时间后，再去看看有什么不自然的地方，也许可以发现很多意想不到的问题。

（4）所指层次

所指层次是指译者对原文所指意义的把握。原文说什么，译文就要说什么，这是对翻译的起码要求。但是，原文的字面意义有时候并不是很清楚。译者必须透过这层文字的迷雾，看清楚真实的画面，并将它们准确地描绘出来。这时，由于两种语言的差异，译入语的文字和原文就可能会有一定的距离。

在汉译英时，我们常常以为自己在理解上不会出问题，但事实并非如此。在翻译实践中，我们甚至往往会发现很幼稚的理解错误。

第二节　英汉文化翻译的原则

英汉文化翻译不是毫无章法可循的，而是需要遵循一定的原则，本节就对英汉文化翻译的原则进行探讨。

谈及翻译的原则问题，众人的说法不一。有人对翻译提出"译学无成规"的说法，认为翻译只是一种纯粹的实践活动，不需要遵循一定的原则。然而大多数学者则认为，"翻译有其理论原则，并且翻译是一门科学"。金缇和奈达在共同编著的《论翻译》中指出，"在每一个人的翻译实践中，区别于自觉和不自觉，都会有一定的原则指导，关键在于那些原则是否符合客观规律"。

由此可见，翻译原则是指导翻译实践的科学依据，是一种客观存在。历史上大量的翻译实践也证明，合理采用翻译原则对翻译实践活动进行指导会收到事半功倍的效果。早在18世纪90年代，英国翻译家泰特勒在他的著作《论翻译的原则》里便提出了翻译的三条原则。

第一，译文应和原作一样流畅。

第二，译文应完全复写出原作的思想。

第三，译文的风格和笔调应与原文的性质相同。

在我国翻译界中，著名翻译家严复在《天演论》的"译例言"中提出了著名的"信、达、雅"三条翻译标准。所谓"信"，即译文要忠实于原著；所谓"达"，即译文表达要通顺流畅；所谓"雅"，即译文的文字要典雅。严复的这三条标准和泰特勒的三条原则在意思上基本是一致的。

20世纪80年代，张培基先生在《英汉翻译教程》中依据"信、达、雅"把翻译的标准概括为"忠实、通顺"四个字。所谓忠实，指不仅忠于原作的内容，还保持原作的风格。所谓通顺，即指译文符合常规、通俗易懂。

随着现代文化信息传递理论的发展，翻译的原则也在不断地发展。奈达在《语言·文化·翻译》这本书中提出，翻译中的文化因素应该受到更多的重视，他进一步发展了"功能对等"理论。当奈达把文化看作一个符号系统的时候，文化在翻译中获得了与语言相当的地位。翻译不仅是语言的，更是文化的。因为翻译是随着文化之间的交流而产生和发展的，其任务就是把一种民族的文化传播到另一种民族的文化中去。因此，翻译是两种文化之间交流的桥梁。

一、文化再现原则

文化再现原则包括两个方面的内容：再现源语文化信息和再现源语文化

特色。具体分析如下所述。

（一）再现源语文化信息

翻译的过程实质上就是信息传递的过程。因此，译者在翻译的过程中要深刻理解原文中承载的文化信息，并在译文中完整地再现出来，切忌不能只拘泥于原文的字面意思。

（二）再现源语文化特色

再现源语文化特色是指译者在文化翻译的过程中，必须忠实地把源语文化再现给译语读者，力求保持源语文化的完整性和统一性，尤其不得随意抹杀或更改源语的民族文化色彩。

可以看出，恰当使用文化再现的翻译原则可以很好地实现文化的交流与传播。译者应该切记翻译的实质是交流文化信息，其真正的归宿是通过语际转换再现源语文化的信息内容。这一原则可以成为信息化时代语境下的翻译实践的指导原则。

二、可读性原则

可读性原则不仅要求译文通顺，还要求译文中可适当地增添文采，便于译语读者的阅读和理解。

（一）译文通顺

可读性原则是指译者要确保译文通俗易懂，能为译语读者完全理解。无论是英译汉还是汉译英，译者都要确保译文的语言通顺、地道，避免出现"中式英语""西式汉语"等现象，如果译文内容枯燥之味，读起来拗口别扭，给读者带来很大的阅读障碍，必然会减少读者的阅读兴趣。这样的译文也是没有意义的。

（二）适当增添文采

译文除了通顺之外，还应根据英汉语言的文化特点适当添加一些文字进行润饰，从而为译文增添文采。

三、风格再现原则

文化翻译的过程中还需要遵循风格再现原则。通常而言，风格包含以下几个方面的内容。

（一）文体的风格

如诗歌、小说、法律、新闻、科技文等不同的文体有不同的风格，要求译者在进行文化翻译时，做到文体风格再现。在风格的各个方面中，文体风格是最主要的。例如，绝对不能将严肃、庄重的法律条文翻译成口语文体的白话。

（二）人物的语言风格

也就是见到什么人说什么话，这在文学作品中尤为显现。

（三）作家个人的写作风格

译文应尽量体现原作者的风格，或简洁或华丽、或庄重或俏皮等。

第三节 英汉文化翻译的策略

归化和异化是英汉文化翻译的两种主要策略。二者之间是相互影响、相辅相成的。译者要根据具体语境，带着辩证的眼光灵活地运用这两种策略。除此之外，还有归异互补和文化调停策略，本节对其逐一进行详细分析。

一、归化策略

（一）归化的概念

归化是指源语的语言形式、文化传统和习惯的处理以目标语为归宿，换言之，用符合目标语的文化传统和语言习惯的"最贴近自然对等"概念进行翻译，以实现功能对等或动态对等。

尤金·奈达是归化理论的代表。尤金·奈达指出，"翻译作品应是动态对等的，不仅表达形式而且文化都应符合目标语规范"。他认为最佳的译文无论在表达方式、遣词造句，还是在行文风格等方面，都应完全纳入译文读者的文化范畴，符合译文读者的阅读习惯和阅读心理。

从语言文化共核来看，人类语言有90%是相通的，这就为归化翻译奠定了基础。归化作为一种思想倾向，表现在对原文的自由处理上，要求译文通顺，以符合目标语读者的兴趣。因此，翻译时仅仅追求词汇上的对等是不够的，翻译的最终目的是通过将深层结构转换成表层结构或通过翻译"文章内涵"来获得"文化"对等。例如，在翻译英语小说《永远的尹雪艳》时，译者使用了归化的方法来翻译其中的文化内容。"lyceum"的原义是指希腊人观赏歌舞、戏剧、交流学术经验的场所。在进行英译汉的过程中，为了顺应中国读者的阅读习惯而将其译为"兰心剧院"。在中国文化中"兰"源于"梅、兰、竹、菊"，是一个极富中国文化底蕴的词汇，这种译法使译文的内涵更加深刻；另外，四字格属于典型的汉语特征，因此"兰心剧院"的翻译做到了以汉语为归宿。

由此可见，归化法要求译者向译语读者靠拢，译文的表达方式采取译语读者习惯的译语表达方式来传达原文的内容。

（二）归化法

在翻译过程中，由于语言文化的差异经常导致译者碰到种种障碍，有些障碍甚至是难以逾越的。如果选择方法错误，势必导致译文晦涩难懂，影响读者接受效果，因此译者需要采用归化法进行翻译。前面已经提到，归化法是以译语文化为归宿的，它要求顺应译语读者的文化习惯，强调读者的接受效果，力求译文能被译语读者接受并确保通俗易懂。

归化的一般做法是抓住原文语用意义，从目标语中选取与原文语用意义相同的表达来翻译。也就是说，归化法是将原文独具特征的东西采取"入乡随俗"的方法融化到目标语中的转换方法。归化是在语言形式上或将语言形式所负载的文化内涵倾向于目标语的翻译策略。总的来说，就是反对引入新的表达法，使语言本土化。

归化法具有一定的优点，即它不留翻译痕迹。由于英汉语言在社会环境、风俗习惯等方面存在一定的差异，导致文化也有很大的不同。由于同一种事物在不同的文化中有着不同的形象意义，因此翻译时需要将这些形象转换为译语读者所熟悉的形象进行翻译。尽管归化中的形象各异，但是却有着相似或对应的喻意，这样的译文也能保持所描述事物固有的鲜明性，达到语义对等的效果。例如，as poor as a church mouse 译为"穷得如叫花子"，而不是"穷得像教堂里的耗子"；to seek a hare in hen's nest 归化翻译成"缘木求鱼"，而不是"到鸡窝里寻兔"。再如，汉语中用来比喻情侣的"鸳鸯"，不能将其译为 mandarin duck，这是因为这样的译文不能令英语读者联想到情侣间的相亲相爱；而将其译为英语中已有的词汇 lovebird，则会令目标语读者很容易理解。

然而，归化法也存在着一定的缺陷，即它滤掉了原文的语言形式，只留下了原文的意思。这样一来我们有可能失去很多有文化价值的东西。如果每次遇到文化因素的翻译，译者都仅仅使用自己熟悉并习惯的表达方式，那么将会给译语读者带来一定的阅读障碍，导致译语读者无法了解源语文化中那些新鲜的、不同于自己文化的东西。长此以往，则不利于跨文化间的交流与沟通。

以霍克斯对《红楼梦》的翻译为例，从他的译文中可以感受到好像故事发生在英语国家一样，具有很强的可读性，在一定程度上促进了《红楼梦》在英语世界的传播，但它也改变了《红楼梦》里丰富的中国传统文化内涵。

综上所述，在使用归化法进行翻译时，需要充分地考虑目标读者、原文的性质、文化色彩等方面的因素。

二、异化策略

（一）异化的概念

异化是以源语文化为归宿的一种翻译理论，在英语中可称作 alienation 或 foreignization。异化理论的主要代表是美籍意大利学者韦努蒂，他是结构主义思想的主要倡导者。他在作品《翻译的策略》中将异化翻译定义为"偏离本土主流价值观，保留原文语言和文化差异"。

Dictionary of Translation Studies（《翻译研究字典》）将异化定义为：在一定程度上保留原文的异域性、故意打破目标语言常规的翻译。

由此可见，异化法要求译者向作者靠拢，译文的表达方式相应于作者使用的源语表达方式来传达原文的内容。

对于赞成异化理论的译者而言，翻译的目的是推崇文化交流，是让目标语读者理解和接受源语文化。所以译者不需要为使目标语读者看懂译文而改变原文的文化意象。相反，译者应将源语的文化"植入"目标语的文化中，以使译文读者直接理解并接受源语文化。《红楼梦》的翻译中，杨宪益就采用了异化法，保留了源语的文化因素。

（二）异化法

异化法一般出现在存在文化差异的语境中，其特点就是鲁迅提出的"保留异国情调，就是所谓洋气"。在翻译中，译者传递给读者的源语文化信息越多，其译文越忠实于原文。异化法多用于下列语境。

1. 用于不同的历史文化背景中

译者在传译具有丰富历史文化色彩的信息时，要尽量保留原文的相关背景知识和民族特色。

2. 用于不同的宗教文化中

由于不同民族都有着各自的宗教信仰，宗教在各民族长时间的历史沉淀下保留了许多固定的关于宗教的词汇、句式，因此翻译时要尽可能反映出来。采用异化法是较好的选择。

3. 用于不同的心理与思维方式中

中西方人的心理与思维方式因受社会的影响、文化的熏陶而存在一定的差异。对于这类翻译，译者应优先选择异化法。

异化法的翻译具有以下几个优点。

（1）可以提高源语表达在译入语中的固定性和统一性，有利于保持译语表达与源语表达在不同语境中的一致对应。

（2）可以实现译语表达的简洁性、独立性，保持源语的比喻形象。

（3）有助于提高表达语境适应性，提高译文的衔接程度，同时也有利于不同语言之间的词语趋同。

三、归异互补策略

（一）归异互补的概念

作为翻译的两大主要翻译策略，归化法和异化法二者之间是对立统一的，都有其各自的适用范围。然而在很多语境中，仅仅使用归化或者异化是无法传达出原文的真实内容的，这就需要采取归异互补策略。

归异互补策略的概念得到郭健中博士的支持，他曾指出，"翻译中的归化和异化不仅是不矛盾的，而且是相互补充的，文化移植需要多种方法和模式"。翻译过程中采取归异互补策略，有利于中国文化的繁荣与传播。

（二）归异互补策略的方法

在具体分析归异互补策略之前，首先分析归化法和异化法两个方面的极端。

1. 过分地归化

过分地归化是指不顾源语的民族文化特征，不顾原文的语言形式，一味地追求译文的通顺和优美，甚至在译文中使用一些具有独特的译语文体色彩的表达手段，这就有可能导致"文化误导"。

2. 过分地异化

过分地异化是指不顾译语的语言习惯，不顾读者的需要，一味地追求跟原文的形式对应，往往造成了译文的晦涩难懂，影响译文的可读性。

3. 归异互补法

结合以上的论述可得知，好的翻译即是在异化和归化之间找到一个合理的折中点。这需要译者仔细研究原文，弄清原文的意蕴，遵循在对翻译目的、作者意图、文本类型和读者对象等因素分析的基础上审慎地做出选择，准确把握好"化"的分寸。

（三）归化与异化的关系处理问题

在处理归化法与异化法的关系时，孙致礼曾指出，应将异化法作为首选的翻译方法，归化法作为辅助方法。也就是说，"可能时尽量异化，必要时尽量归化"。具体包括以下几个方面的内容。

第一，一般情况下，尽量采用异化法。要让译文达到"形神兼备"的效果，通常需要使用异化法来完成，因此在翻译过程中，如果异化法能够令译文晓畅达意，则应坚持使用异化法。

第二，如果单独使用异化法不能令译文完全达意，或者译文不能完全通畅，那么需要综合采用归化法和异化法。

第三，如果异化法完全行不通，译者也不必勉强，而应采取归化法，舍其表层形式，传达其深层含义。

总之，译者在处理异化法与归化法的关系时，还必须掌握适度原则，也就是说，异化时不妨碍译文的通俗易懂，归化时不改变原作的"风味"，力求做到"文化传真"，避免"文化失真"。从这个意义上说，归化法主要表现在"纯语言层面"上，而异化法主要表现在"文化层面"上。

四、文化调停策略

（一）文化调停的概念

所谓文化调停，就是省去部分或全部文化因素不译，直接翻译原文的深层含义。现在以鲁迅先生的《祝福》的英译为例。

回头人出嫁，哭喊的也有，说要寻死觅活的也有，抬到男家闹得拜不成天地的也有，连花烛都砸了的也有。

（鲁迅《祝福》）

"拜天地"是中国婚俗文化中的特有现象，"天"和"地"两个意象具有特定的含义，中国读者都知道这里的"拜天地"指的是婚礼。如果坚持用异化法将"拜不成天地"译成 refuse to bow to heaven and earth，则会令英语读者摸不着头脑。通过文化调停法将其译为 refuse to go through with the wedding ceremony，化去了意象，将其内在的文化意义直接翻译出来就明确了。

（二）文化调停法

当归化和异化均无法解决翻译中的文化差异问题时，译者可采用文化调停法。这种方法具有使译文通俗易懂、可读性强的优点，但是也有一定的缺点，即不能保留文化意象，不利于文化的沟通和交流。

此外，在归化、异化、归异互补、文化调停四种翻译方法中，归化和异化是主要的，也是对立统一的。归化是为了照顾译语文化，取悦译语读者；而异化却是以源语文化和原文作者为归宿。在具体的翻译实践中，要讲究分寸和尺度，适当地采用归异互补策略，不可走极端。当归化和异化都无法解决文化问题时，则需采用文化调停策略。

例如，在日常生活中为了产生好的交流效果的材料（广告、通知、公告、对外宣传资料、新闻报道等）宜使用译语的地道表达，采用归化手法。不能使用归化手法的时候就采用文化调停，目的是让译文清晰易懂，符合译语读者的阅读习惯。而对于那些介绍异国文化的政治论文、哲学著作、历史、民俗及科技论著，宜采用异化策略，因为其目的是填补译语文化中的知识空缺，强调源语和译语文化的相异之处。异化策略可以令译文读者更多地了解原文以及异国文化。

需要重点说明的是，即使是在同一篇文章中，翻译的方法也不是单一的，不能从头到尾机械地用同一种方法。在面对翻译中的文化问题时，好的译者应该具有敏锐的跨文化意识，不管采用什么方法来翻译，都应该做一个尽心尽力的文化使者。

第二章　英汉语言文化对比与翻译

第一节　英汉词汇文化对比与翻译

词汇是语言的基本构成单位,它是构词组段成篇的基础,所以中西语言的差异性在词汇上表现得最为突出。本节就对中西词汇文化差异及其翻译进行分析。

一、英汉词汇文化对比

英汉语言词汇差异在很多方面都有体现,这里就重点针对英汉构词法和词义两个方面的文化差异进行解析。

(一) 英汉构词法对比

语言随着社会的发展而不断发展和变化,在这期间总会出现一些符合社会发展需要的新词,同时也会有些不合时宜的旧词淡出人们的视野。但是新词的创造并不是随机进行的,而是有一定的规律可循。实际上,语言的这种"弃旧创新"不断发展的过程体现的就是一种规律——构词法。虽然英汉构词法有着某些相似之处,但更多表现出的是一些差异。

1. 派生法对比

由词缀(前缀、后缀)和词根相结合来构成单词的方法就是派生法。英语属于粘附性语言,词缀数量很多。英语中的词缀主要分为前缀和后缀。在汉语中也有前缀与后缀的概念。以下就从这两个方面来对英汉派生法展开对比分析。

(1) 前缀构词对比

在英语中,前缀在构词时对词性的影响很小,主要改变词汇的含义。按照对意义的影响,英语前缀可分为以下几类。

①否定前缀：a-, dis-, in-（变体 il-, ir-, im-）, un-, non-。

②反向前缀：de-，dis-，un-。

③表贬义前缀：mal-，mis-，pseudo-。

④表程度前缀：arch-，co-，extra-，hyper-，macro-，micro-，mini-，out-，over-，sub-，super-，sur-，ultra-，under-。

⑤表方向态度前缀：anti-，contra-，counter-，pro-。

⑥表方位前缀：extra-，fore-，inter-，intra-，super-，tele-，trans-。

⑦表时间前缀：ex-，fore-，post-，pre-，re-。

⑧表数前缀：bi-，di-，multi-，semi-，demi-，hemi-，tri-，uni-，mono-。

⑨其他前缀：auto-，neo-，pan-，proto-，vice-。

虽然，前缀在构词时对词性的影响较小，但并不是所有的英语前缀都不改变词性，如 a-，be-，en- 在构词时就会对词性有所改变。而且，随着时间的推移，改变词性的前缀也在不断增加，如 de-，un-，anti-，post-，pre- 等。

派生法这一构词法也存在于汉语中，所以汉语中也有词缀的概念。汉语中的前缀主要可以分为以下几种。

严格前缀：阿、老、第、初。

新兴前缀：不、单、多、泛、准、伪、无、亲、反。

结合面宽的前缀：禁、可、好、难、自。

套语前缀：家、舍、先、亡、敝、贱、拙、贵、尊、令。

在汉语中，前缀的意义较为虚无，其主要作用是改变词性，表示语法意义，其功能与英语中的后缀类似，这也是英汉两种语言中前缀的最大区别。但是前缀意义虚无也有程度的不同，汉语中有些前缀确实毫无意义，仅仅是为了构词，如老—老婆、老虎；阿—阿公、阿婆等。但绝大多数的前缀是有意义的，如表数的前缀（初、第、单、多）、表否定的前缀（非、无、不）等。

经对比可以发现，在汉语中很难找到与英语词缀相对应的形式，英语中的词缀在汉语中只能用实词素表示。同样，在英语中也很难找到与汉语词汇相对应的形式，汉语中的词汇在英语中只能通过单词来表示，如老婆（wife）、老虎（tiger）、阿婆（granny）、阿姨（aunties）等。此外，汉语中同一个词缀可以用多个英语词缀表示，如超现实主义（surrealism）、超自然（supernatural）、超支（overspend）等。更甚者，汉语中的某些前缀在英语中不得不用后缀表示，如可爱（lovable）、可怕（terrible，fearful）、可恶（hateful）等。而英语中的某些前缀也有用汉语后置语素表示的，如 prewar（战前），prehistoric（史前）等，但是这种情况在汉语中相对应的并不是后缀，而是词。

（2）后缀构词对比

英语后缀和汉语后缀都是附加在实素词后构成单词，所以从这一点来讲二者是相同的。与前缀不同，英语后缀主要是改变词干的词性，而在意义上只是对原义进行修饰。根据这一特征，英语后缀可分为以下四类。

①名词后缀，主要用于构成名词。具体包含以下几种——

加在名词后表示"人"或"物"：-eer，er，ess，ette，-let，-ster。

加在动词后表示"人"或"物"：-ant，ee，-ent，-er。

加在名词后表示"人，民族"或"语言、信仰"：-ese，an，ist，-ite。

加在名词后表示"性质、状态"：-age，-dom，ery（-ry），-ful，-hood，ing，ism，-shlp。

加在动词后表示"性质、状态"：-age，-al，-ance，-ation，-ence，-ing，-ment。

加在形容词后表示"性质、状态"：-ity，-ness。

②形容词后缀，主要用于构成形容词。具体包含以下几种——

加在名词后：-ed，-ful，ish，-less，like，-ly，-y，al（-ial，-ical），-es，-que，-ic，-ous（-eous，-ious，-uous）。

加在动词后：-able（-ible），-ative（-ive，-sive）。

③副词后缀，主要用于构成副词。具体包含以下几种：

加在形容词后：-ly。

加在名词或形容词后：-ward（-wards）。

加在名词后：-wise。

④动词后缀，一般加在名词和形容词后构成动词。具体包括 -ate，-en，-ify，-ize（-lse）等。

在汉语中，后缀要比前缀多许多，其主要功能也是改变词性，这一点与英语是相同的。不同的是，英语中的后缀构成有"名、形、动、幅"四类，汉语中的后缀在构成新的词汇时，词性上一般名词居多，其后缀的作用不像英语中那么广泛。所以，汉语后缀常根据其意义进行分类，具体可分为以下几类。

①表人的后缀，包含以下三种——

表示职业和职务：员、生、匠、工、家、师、士、夫、长等。

表示亲属关系：爷、父、子、亲、夫、人等。

表示其他的人：郎、属、鬼、棍、头、者、士、生、汉、丁、迷、徒、贩、人、子、员、犯、分子等。

②表数量单位的后缀：亩、斤、两、口、群、匹、辆、支、项、件、张、间、座、朵、粒、本、幅、卷、册等。

③表示"过程、方法、学说、性质、状态、程度、信仰"等抽象概念的

后缀：派、法、化、主义、学、论、性、度等。
④表物品的后缀：仪、品、器、机等。
⑤表处所的后缀：站、场、处、室、厂、馆、院等。
⑥构词性后缀。
这些后缀没有实际意义，只用于构词。主要包含以下几种。
—儿：影儿、盖儿、信儿、馅儿、头儿、画儿等。
—子：鼻子、孩子、鞋子、裤子、脑子等。
—头：馒头、奔头、石头、骨头、盼头、苦头等。
—然：猝然、断然、安然、流然、勃然、公然等。

经比较可以看出，在数量上汉语后缀要少于英语，而且形式没有英语固定，功能也没有英语明显。此外，汉语后缀构成词基本上都是名词，其他词类很少，而且，英汉语后缀相互对应的情况也不多。汉语中的某些后缀在英语中就找不到相对应的后缀，如"子、儿、头、巴"。例如，杯子（cup, glass）、鼻子（nose）、头儿（head）、画儿（picture, painting）、石头（stone）、馒头（steamed bread）、尾巴（tail）、下巴（chin）等。此外，在汉语中，表示"人"的后缀居多，要远远多于英语。在列举的表"人"的后缀中，英语只有 13 个，而汉语多达 32 个。另外，在英语中，一个词干可多次附加词缀，仍然能构成词，如 internationalization（inter+nation+-al+iz+-ation，国际化），但该词前面加上 de-、non- 等依然可以构成词，如 deinternationalization（国际化解体），noninternationalization（非国际化）。但汉语中如果加缀超过两次，构成的就很难说是词了。

2. 复合法对比

复合法是指将两个或两个以上的词或字按照一定次序排列构成新词的方法。英汉语言中多使用这种方法来构成新词。在英语中，复合法的地位仅次于缀合法和派生法，但在汉语中，复合法却独占鳌头。有很多人都甚至认为，汉语中的双音节或多音节词都是复合生成的。

（1）就分类来讲，英语复合词主要分为以下几种类型。

①复合名词，主要包含以下几种结构形式——

名词+名词：greenhouse, workbook, workplace, workshop, newspaper, gate-keeper, gateman, daytime, lunchtime, lifeboat, lifetime, northwest, railway, southeast, southwest, cupboard, keyboard, door-bell, fireplace, farmland, hometown, salesgirl 等。

形容词+名词：goodbye, blackboard, greenhouse 等。

动名词+名词：washingroom, dinninghall 等。

动词＋名词：chopsticks，checkout 等。

②复合形容词，主要包含以下几种构成形式。

形容词＋名词＋（e）d：kind-hearted，glass-topped 等。

形容词＋现在分词：good-looking 等。

副词＋现在分词：hard-working 等。

名词＋现在分词：English-speaking，Chinese-speaking 等。

名词＋过去分词：man-made，self-made 等。

副词＋过去分词：well-known 等。

形容词＋名词：Mideast，round-trip 等。

英语复合词中的复合形容词和复合名词占的比重较大，因此以上仅对这两种类型进行重点介绍。

（2）在汉语中也有很多复合词，具体包含以下几种。

①联合：联合结构的复合词中两个词素是平行关系，其结构形式比较多。

名词＋名词：笔墨、模范、鱼肉等。

形容词＋形容词：大小、多少、贵贱、远近、松弛、破败、危险、焦躁等。

动词＋动词：得失、出入、导演、哭泣、连续、依靠、赊欠等。

②主谓：主谓关系的复合词中的两个词素，一个是主语，即动作的施动者，另一个是动词，因此主谓关系的复合词都是名词＋动词结构。例如，月圆、头疼、海啸、口误、事变等。

③动宾：汉语中动宾关系的复合词较多，动宾复合词中一个是动词，即动作的施动者，一个是宾语，即动作的接受者，因此其结构都为动词＋名词的形式。例如，骂人、打球、喝茶、唱歌、吃力、贴心、抱歉、结局等。

④偏正：偏正复合词中的一个词素去修饰另一个词素，被修饰的名词在后，前面的修饰后面的。汉语中的偏正结构的复合词最多，其结构多样且较为复杂。例如：加深体会、非常愉快等。

从上述内容可以看出，英语和汉语在构词方面有很多的相似之处，但同时也都有各自的独特之处。例如，有些构成方式是英语所特有的，有的构成方式则是汉语所特有的。

3. 缩略法对比

由缩略法构成的词为缩略词，也就是截短原词或原词的某成分形成一个新的词，用以取代原词。英语中缩略词的种类有很多，具体包含首字母缩略词、混合缩略词、节略式缩略词和数字式缩略词。

（1）英语缩略法

①首字母缩略词

首字母缩略词就是将每一个单词的首字母提取出来组合成为一个新的词，首字母缩略词多采用大写字母的形式。

②混成式缩略词

混成式缩略词一般是将两个或两个以上的单词用某种方法组合在一起构成新词。其具体包含以下四种结构方式。

a.A 头 +B 头。例如：

hi-fi ← high+fidelity 高保真

sitcom ← situation+comedy 情景喜剧

b.A 头 +B 尾。例如：

bit ← binary+digit 二进制数

chocoholic ← chocolate+alcoholic 巧克力迷

c.A 头 +B。例如：

autocamp ← automobile+camp 汽车野营

telequiz ← telephone+quiz 电话测试

d.A+B 尾。例如：

newscast ← news+broardcast 电视广播

tourmobile ← tour+automobile 游览车

③节略式缩略词

节略式缩略词主要是将一个词的完整拼写去掉一部分来形成其缩略形式。其主要包含以下三种形式。

a. 去头取尾。例如：

phone ← telephone 电话

quake ← earthquake 地震

b. 去尾取头。例如：

exec ← executive 执行官

Wed ← Wednesday 星期三

zoo ← zoological garden 动物园

c. 去头尾取中间。例如：

scrip ← prescription 处方

tec ← detective 侦探

④数字式缩略词

数字式缩略词一般是根据词的结构或者读音上的相同点与数字结合而形

成。其具体包含以下两种形式：

a. 提取出词中的相关字母，并在其前面加上相应的数字构成。

b. 代表性的词前面加数字。

（2）汉语缩略法

在汉语中，缩略词的类型主要有以下几种。

①截取式缩略词

截取式缩略词就是截取名称中一个有代表性的词代替原名称，具体包含两种方式：

a. 截取首词。例如：

复旦←复旦大学

宁夏←宁夏回族自治区

b. 截取尾词。例如：

长城←万里长城

收音机←半导体收音机

②选取式缩略词

选取式缩略词就是选取全称中比较具有代表性的词素来构成新词。依据选取词素的位置，可分为以下几种。

a. 取每个词的首字。例如：

高教←高等教育

科研←科学研究

b. 取一个词的首字和另一个词的尾字。例如：

外长←外交部部长

战犯←战争罪犯

c. 取每个词的首字和尾字。例如：

少先队←少年先锋队

安理会←安全理事会

d. 取全称中具有代表性的两个字。例如：

北影←北京电影制片厂

政协←中国人民政治协商会议

e. 取全称中的每个词的首字。例如：

上下←上头、下头

东西←东方、西方

③提取公因式缩略词

提取公因式缩略词指的是将全称中的相同的部分提取出来，用剩下的部分来构成新词。例如：

优缺点←优点、缺点

中小学←中学、小学

进出口←进口、出口

④数字概括式

汉语中的数字概括式与英语中的基本相同，具体包含以下几种形式。

a. 提取相同部分，用数字来概括相同部位。例如：

三好←学习好、工作好、身体好

四化←工业现代化、农业现代化、国防现代化、科学技术现代化

b. 根据词的特点总结出一个可以代表这些特点的抽象概括词，然后在其后面加上数字。例如：

三皇←伏羲、燧人、神农

五谷←稻、黍、稷、麦、豆

六亲←父、母、兄、弟、妻、子

就构成形式而言，英汉缩略词有着很大的相似之处，但就数量而言，英语缩略的数量要远多于汉语缩略词的数量。此外，在形式上，英语缩略都是词，而汉语缩略词有的是词，有的仍然是"语"。

（二）英汉词义对比

在词义方面，英汉词汇也表现出显著的差异。这些差异具体表现在词义特征、语义范围、内涵意义三个方面。

1. 词义特征对比

英语词义最显著的特征就是意义灵活、丰富多变，这也就使得英语词义在很大程度上要依赖于上下文。例如，grandmother 一词在英语中有"祖母"与"外祖母"两种含义。再如，uncle 一词在英语中既可以指"伯父""叔父"，也可以指"姑父""姨夫""舅父""表叔"。

此外，英语还有着一词多义的特点。每一种语言中都存在一词多义的现象，但这种现象在英语中表现得尤为突出。例如，story 在汉语中的含义是"故事"，但在英语中其词义却是丰富多样的，在不同的语境中有着不同的含义。

而汉语词义的主要特征主要表现为形象鲜明、表意准确、言简意赅、辨析精细。尽管汉语以单字为本，但其搭配能力非常强，组词方式也是相当灵活的，具有很强的语义繁衍能力，因此可以生成丰富的词义。例如，"生"就有着极强的搭配能力，能延伸出丰富的词义：可以表示与人的一辈子有关的

概念，如生育、生长、生命、生平、生活；可以表示"不到位"或"不熟"，如生字、生硬、生肉；也可以表示"学习者"，如学生、招生；甚至还可以作副词表示程度，或作副词后缀，如生怕、好生等。其延伸意义也十分丰富，如生还、生计、生病、实习生、放生、后生可畏、急中生智等。

2. 语义范围对比

英汉词汇在语义范围上有着明显的差异。具体来讲，在英语和汉语中都有的概念，其语义范围也有所不同。例如，汉语中的"打"字，有打人、打电话、打字、打基础、打工、打主意、打草惊蛇等，这些词语中的"打"无法用英语对应词 hit 或 beat 来表达，在英语中也很难找到与之语义范围相同的词。也就说，英语中 hit 和 beat 的语义范围远不及汉语中"打"字的语义范围广泛。

但并不是所有的英语词汇语义范围都小于汉语的语义范围。英语中 kill 一词的词义就要比汉语中的"杀"的词义范围广的多。

3. 内涵意义对比

在英汉语言中，很多词汇除了其基本意义外，还有丰富的内涵意义，即它们在人头脑中产生的某种联想。内涵意义不能单独存在，它必须附在其指称意义即概念意义之上。英汉语言中有很多这样的词语，并且在内涵意义上表现出一定的差异。例如，中国人看到"荷花"一词就会联想到"出淤泥而不染"，但英语中的 lotus flower 则没有这种意义。同样，英语中有很多词有着汉语所没有的文化内涵。例如，individualism（个人主义）在英语中指的是一种社会学说，主张个人的价值和重要性在社会之上。但在中国文化中，"个人主义"是一个贬义词语，指的是人际交往中以自我为中心的一种行为倾向和自私的一种心理取向。其实，英汉词汇内涵意义的差异是英汉民族对人或事物的不同态度或价值观在语言上的反映。

二、英汉词汇的翻译

从上述内容可以了解到，英汉词汇都有着各自的独特特点，而且在很多方面也存在着显著的差异性，因此翻译英汉词汇并非易事，必须掌握一定的词汇翻译方法和技巧。以下就对英汉词汇翻译的常用技巧进行详细说明。

（一）寻找对等词

寻找对等词是指在目的语中寻找与源语含义相同或相似的词语。由于英语具有一词多义的特点，所以在翻译过程中寻找对等词时一定要弄清楚源语语境。

例如：

As lucky would have it, no one was hurt in the accident.

幸运的是，在事故中没有人受伤。

As lucky would have it, we were caught in the rain.

真倒霉，我们被雨淋了。

（二）词性转换

所谓词性转换，就是将源语中的一种词性的词语用目的语中另一种词性的词语进行翻译。例如：

The operation of a computer needs some knowledge of its performance.

操作计算机需要懂它的一些性能。（名词转换成动词）

...and that government of the people, by the people, for the people...

民有、民治、民享的政府。（介词转换成动词）

Official India objects the proposal put forward by the United States.

印度政府反对美国提出的此项建议。（形容词转换为名词）

All the students say that the professor is very informative.

所有的学生都说那位教授使他们掌握了许多知识。（形容词转换为名词）

Snow was treated very shabbily by the U.S.press and officialdom during this period, victimized for his views.

在这期间，斯诺受到了美国新闻界和政界极不公正的对待，由于他的观点，他受到了迫害。（副词转换为形容词）

（三）拆译

当原文中的词语较难翻译，并且在译入语中又很难恰当地译出时，就可以将这些比较难翻译的词从句子中"拆"出，使其成为主句之外的一个补充成分，或重新组合到译入语中。例如：

There is also distressing possibility that Alumni isn't quite the catch the police thought.

还存在这样一种可能性，被抓住的阿路尼不见得就是警察所预想的那个人，这种可能性是让人泄气的。

Every British motorist will tell you that a radar is used most unfairly by the police to catch drivers who are only accidentally going a little faster than the speed limit.

每一位驾车的英国人都知道，警察用雷达来抓那些只是偶尔稍微超速行驶的人，这种做法是很不公平的。

（四）增译

增译就是根据意义、修辞和句法上的需要，在原文的基础上增添一些词语，以使译文符合译入语的行文习惯，并在内容、形式和文化背景与联想意义上与原文相对等。例如：

Day after day he came to his work-sweeping, scrubbing and cleaning.

他每天来干活——扫地，擦地板，收拾房间。

Reading makes a full man; conference a ready man; writing an exact man.

读书使人充实，讨论使人机智，写作使人准确。

The sky is clear blue now the sun has flung diamonds down on meadow and bank and wood.

此时已是万里蓝天，太阳把颗颗光彩夺目的钻石洒向草原，洒向河岸，洒向树林。

Basically, the theory proposed, among other things, that the maximum speed possible in the universe is that of light.

就其基本内容而言，这一学说提出的论点，除了别的之外，就是光速是宇宙中最快的速度。

（五）省译

省译就是省略原文中需要而译文中不需要或译出反而显得累赘的词，以使译文更加简练、明确，符合译入语的表达习惯。需要注意的是，省略并不能省略原文的思想或内容。例如：

The sun was slowly rising above the sea.

太阳慢慢从海上升起。

Different kinds of mater have different properties.

不同的物质具有不同的特性。

In spring the day is getting longer and longer and the night shorter and shorter.

春季白天越来越长，夜晚越来越短。

He shrugged his shoulders, shook his head, cast up his eyes, but said nothing.

他耸耸肩，摇摇头，两眼看天，一句话不说。

Early to bed and early to rise is the way to be healthy and wise.

早睡早起使人健康聪明。

第二节　英汉句式文化对比与翻译

句子由词和词组构成，它是可以表达完整含义的语言单位，也是语言运用的基本单位。由于所属语系的不同和思维方式的区别，英汉语言在句式上也表现出显著的差异。以下就对英汉句式文化进行对比分析，并在此基础上说明英汉句式的翻译方法。

一、英汉句式文化对比

（一）形合与意合对比

英汉语言在句法结构上最基本、最主要、最根本的差异可以说就是形合与意合的差异。学者奈达认为，从语言学角度来说，汉、英语言之间最重要的区别特征莫过于意合与形合的差别。

形合与意合是语言连词成句的内在依据。其概念有广义与狭义之分。广义上的形合包括显性的语法形态标志和词汇两种形式手段，指一切依借语言形式和形态手段完成句法组合的方式，包括语汇词类标记、词组标记、语法范畴标记、句法项标记、分句与分句之间的句法层级标记、句型标记、句式标记等。而狭义上的形合仅指词汇手段，即语言中词与词、句与句的结合主要凭借关系词和连接词等显性手段。

广义上的意合指不借助形式手段来体现词语之间或句子之间的意义或逻辑关系，而狭义上的意合只指句子层次上的语义或逻辑关系。

许多专家和学者都指出，英语属于形合特征明显的语言，汉语属于意合特征明显的语言。但实际上，语言并没有完全的形合与意合之分，只是一种语言更侧重于某一方而已。

英语注重形合，所以造句时十分重视形式的接应，要求句子结构完整，而且句子以形寓意，以法摄神，因此英语句式较为规范和严密。也正是由于英语的这些特点，所以英语中有丰富的连接手段，如连词、关系代词、连接代词、关系副词等。此外，英语重形合的特点也使得英语句子结构如同一棵大树一样，主干分明、枝繁叶茂，句子也呈现出以形驭意、以形统神的特点。

（二）英汉句子语序对比

每一种语言的使用习惯都反映了其民族的思维模式和文化习惯。英语民族强调"人物分立",注重形式论证与逻辑分析,提倡个人思维,思维体现出"主语—行为—行为客体—行为标志"的模式,所以其语言就呈现出"主语+谓语+宾语+状语"的顺序。英语属于综合性语言,句子的语序相对固定,但也有一定的变化。而汉民族主张"物我交融""天人合一",注重个人的感受,崇尚主体思维,思维体现出"主体—行为标志—行为—行为客体"的模式,因此语言的表达也就呈现出"主语+状语+谓语+宾语"的顺序。汉语属于分析型语言,句子的语系比较固定。从语言的表达顺序上就可以看出,定语和状语位置的不同是英汉语言在语系上的主要差异。因此,以下就针对定语和状语的位置来分析英汉句子语序的差异。

1. 定语位置对比

英语中定语的位置较为灵活,一般有两种情况:以单词作定语时,通常放在名词前;以短语和从句作定语时要放在名词之后。而汉语中定语的位置较为固定,一般位于所修饰词的前面,后置的情况则十分少见。例如:

It was a conference fruitful of results.(后置)

那是一个硕果累累的会议。(前置)

English is a language easy to learn but difficult to master.(后置)

英语是一门容易学但很难精通的语言。(前置)

We have helped Russia privatize its economy and build a civil society marked by free elections and an active press.(后置)

我们帮助俄罗斯使其经济私有化,并建设一个以自由选举和积极的新闻媒体为标志的公民社会。(前置)

This time he changed his mind. He did not encourage him to become a hero, because he could no longer stand the poignancy of losing his last child.(后置)

老人改变了主意,决心不让小儿子成为一个出众的英雄好汉的人物,因为他实在是不能再忍受那种折损儿子的痛苦。(前置)

2. 状语位置对比

英语中状语的位置灵活且复杂,一般包含两种情况:(1)由单个单词构成的状语一般位于句首、谓语之前、助动词和谓语动词之间,或者句末;(2)如果状语较长,则一般放在句首或句尾,不放在句中。但在汉语中,状语的位置较为固定,一般位于主语之后谓语之前,有时为了起强调作用,也位于主语之前或句末。例如:

I will never agree to their demand.

我绝不同意他们的要求。

Given bad weather, I will stay at home.

假使天气不好，我就待在家里。

The flight was canceled due to the heavy fog.

班机因大雾停航。

The news briefing was held in Room 201 at about eight o'clock yesterday morning.

新闻发布会是昨天上午大约八点在201会议室召开的。

有时一个句子中会包含多个状语，如时间状语、地点状语、方式状语、让步状语等有时会同时出现。针对这种情况，英语的表达顺序是：方式、地点、时间；而汉语的则恰恰相反，其表达顺序为：时间、地点、方式。例如：

The bank will not change the check unless you can identify yourself.

只有你能证明你的身份，银行才会为你兑换支票。

Many elderly men like to fish or play Chinese chess in the fresh morning air in Beihai Park every day.

很多老人都喜欢每天上午在北海公园清新的空气中钓鱼、下棋。

I was born in Burdine, Kentucky, in the heart of the Appalachian coal-mining country.

我出生于阿帕拉契山脉煤矿区中心的肯塔基州柏定市。

The spacecraft "Shenzhou Ⅲ" was successfully launched at 22∶15 pm today in the Jiuquan Satellite Launch Center in Northwest China's Gansu province.

今晚10点15分，"神舟三号"飞船在我国甘肃酒泉卫星发射中心成功升入太空。

另外，当句中含有两个较长的状语时，英语一般将其置于句中，而汉语则习惯将其置于句首和句尾。例如：

Suddenly the President, looking out over the vast landscape, said, with an underlying excitement in his voice, the words I gave earlier ...

总统眺望着辽阔的景色，突然用很兴奋的语调说了我在前文已经提到过的话……

Established in April 1961, the China Ocean Shipping Corporation has, in the past 28 years through arduous efforts, with the support from the state, expanded its shipping business and increased its number of ships.

中国远洋运输公司成立于1961年4月，至今已有28年的历史。28年来，在国家的大力支持下，经过不懈的努力，公司业务和船舶数量迅速发展和增长。

二、英汉句式的翻译

（一）从句的翻译

1. 名词性从句的翻译

英语名词性从句主要包括主语从句、宾语从句、表语从句和同位语从句，其中主语从句、宾语从句和表语从句可采用顺译法按照原文顺序直接进行翻译。而对于同位语从句的翻译，可以采用顺译法进行翻译，也可以将从句提前。例如：

What he told me was half-true.

他告诉我的是半真半假的东西而已。

He would remind people again that it was decided not only by himself but by lots of others.

他再次提醒大家说，决定这件事的不只是他一个人，还有其他许多人。

They were very suspicious of the assumption that he would rather kill himself than surrender.

对于他宁愿自杀也不投降这种假设，他们是很怀疑的。

2. 定语从句的翻译

从上述内容了解到，英汉定语差异集中体现在位置的不同上，除此之外，英汉定语从句的发展方向有所不同，通常英语中定语从句的发展方向为向右，汉语中定语从句的发展方向为向左。因此，在翻译定语从句时可采用以下方法进行处理。

（1）译为汉语中的"的"字结构。例如：

He was an old man who hunted wild animals all his life in the mountains.

他是个一辈子在山里猎杀野兽的老人。

The early lessons I learned about overcoming obstacles also gave me the confidence to chart my own course.

我早年学到的克服重重障碍的经验教训也给了我规划自己人生旅程的信心。

（2）译为并列分句。例如：

He was a unique manager because he had several waiters who had followed him，around from restaurant to restaurant.

他是个与众不同的经理，有几个服务员一直跟着他从一家餐馆跳槽到另一家餐馆。

（3）译为状语从句。例如：

He also said I was fun, bright and could do anything I put my mind to.

她说我很风趣，很聪明，只要用心什么事情都能做成。

There was something original, independent, and practical about the plan that pleased all of them.

这个方案富于创造性，独出心裁，实践性强，所以他们都很满意。

3. 状语从句的翻译

在翻译英语状语从句时，一般将其译成汉语分句即可。例如：

He shouted as he ran.

他一边跑，一边喊。

The crops failed because the season was dry.

因为气候干燥，作物歉收。

Given notes in detail to the texts, the readers can study by themselves.

要是备有详细的课文注释，读者便可以自学了。

The book is unsatisfactory in that it lacks a good index.

这本书不能令人满意之处就在于缺少一个完善的索引。

Although he seems hearty and outgoing in public, Mr. Smith is a withdraw and introverted man.

虽然史密斯先生在公共场合是热情和开朗的，但是他却是一个性格孤僻、内向的人。

（二）长难句的翻译

英语非常讲究句子表达的准确性和严谨性，常常借助词汇、语法、逻辑等手段将句子中的各个成分连接起来，使得各个成分环环相扣，因此英语中长而复杂的句子十分常见。而这也正是英语翻译的难点，具体而言，在翻译英语长句时首先要了解原文的句法结构，明白句子的中心所在以及各个层次的含义，然后分析几层意思之间的相互逻辑关系，最后根据译文的表达方式和行文特点，正确地译出原文的含义。通常，英语长难句的翻译可采用以下几种翻译方法：

1. 顺译

当英语长句内容的表达顺序是按时间先后或者逻辑关系安排的，在翻译时就可以采用顺译法进行翻译，即直接按照原文表达顺序译成汉语。需要指出的是，顺译不等于将每个词都按照原句的顺序翻译，因为英汉语言并非完全对等的，也需要进行灵活变通。

2. 逆译

英语句子和汉语句子的表达顺序并非完全相同的，大多数情况下，英语句子与汉语句子在表达相同的意思时在表述顺序上有很大差异，有时甚至完全相反，此时就可以采用逆译法进行翻译，也就是逆着原文顺序从后向前译。

3. 分译

分译又称"拆译"，是指将英语句子中某些成分（如词、词组或从句）从句子中拆出来另行处理，这样不仅利于句子的总体安排，也便于突出重点。

4. 综合译

在具体的翻译实践中，有时很难使用一种翻译方法对原文进行恰当地翻译，更多的时候是综合使用多种翻译方法，这样可以使译文更加准确、自然、流畅。

第三节 英汉修辞文化对比与翻译

修辞是人类在长期的社会实践中锤炼而成的，是能够提高人们语言表达效果的有效方法。修辞同时存在于英汉两种语言中，英汉两种语言中的修辞既有相同之处，也有不同之处。本节就对英汉语中常见的几种修辞方式进行对比分析，并在此基础上说明其翻译的方法。

一、英汉修辞文化对比

（一）英汉比喻对比

不把要说的事物平淡直白地说出来，而用另外的与它有相似点的事物来表现的修辞方式，叫作"比喻"。在汉语中，比喻又称"譬喻"，俗称"打比方"。比喻这种修辞方式在英汉语言中十分常见。其中，在分类上，英汉比喻就存在着相似之处，都有明喻和暗喻之分，但除明喻和暗喻之外，汉语比喻还包含借喻；此外，在修辞效果上，英汉比喻也基本相同，即都能有效增添语言的魅力，使语言更具生动性、形象性。

但是，英汉比喻也存在着显著的差异，即英语比喻中的暗喻涵盖范围更广，相当于汉语暗喻、借喻和拟物三种修辞格，但汉语比喻的结构形式更为复杂，划分也更为细致。以下就重点对英汉比喻的不同之处进行对比分析。

1. 英语暗喻类似汉语暗喻

英语暗喻与汉语暗喻在基本格式上是相同的，即本体和喻体同时出现。

例如：

Life is an isthmus between two eternities.

生命是永恒的生死两端之间的峡道。

Every man has in himself a continent of undiscovered character. Happy is he who acts the Columbus to his own soul.

每个人都有一块未发现的个性的大陆。谁能做自己灵魂的哥伦布，谁就是幸福的。

2. 英语暗喻类似汉语借喻

英语暗喻与汉语借喻极为相似，在这种修辞格中，喻体是象征性的，并包含一个未言明的本体。

例如：

It seemed to be the entrance to a vast hive of six or seven floors.

那似乎是一个六七层的大蜂箱的入口。

Laws（are like cobwebs，they）catch flies but let hornets/wasps go free.

法律像蛛网，只捕苍蝇而放走马蜂。

3. 英语暗喻类似汉语拟物

英语暗喻与汉语拟物也有着相似之处，它们都是把人当作物，或把某事物当作另一事物来描述。

例如：

His eyes were blazing with anger.

他的两眼发出愤怒的火光。

Inside，the crimson room bloomed with light.

里面，那红色的房间里灯火辉煌。

（二）英汉排比对比

排比是指利用两个或两个以上结构相同或相似、意义相关的短语或句子平行并列，起到加强语气的一种修辞方式。英汉两种语言中都有排比这种修辞方式，而且他们之间既有相同之处，也有不同之处。相同之处表现为：有着相同的分类，英汉排比都有严式排比和宽式排比之分；有着相同的修辞效果，都能有效增加语言的连贯性，突出文章的内容，加强文章的气势和节奏感。

英汉排比的不同之处主要体现在结构上，具体表现在省略和替代两个方面。其中，在省略方面，英语排比很少有省略现象，只有在少数情况下有词语省略的现象，通常省略的多是动词这种提示语，有时也省略名词。

例如：

Reading makes a full man；conference a ready man；and writing an exact man.

（F.Bacon: *Of Studies*）

读书使人充实，讨论使人机智，笔记使人准确。

The first glass for thirst，the second for nourishment，the third for pleasure，and the fourth for madness.

一杯解渴，两杯营养，三杯尽头，四杯癫狂。

而汉语排比中基本不存在省略现象。

例如：

How can we build socialism with Chinese characteristics without lofty ideals, broad mindedness and the spirit of self sacrifice?

我们搞具有中国特色的社会主义，没有远大理想，没有宽阔胸怀，没有自我牺牲精神，怎么行呢？

在替代方面，英语排比的后项通常用人称代词来指代前项的名词，汉语排比则常常重复这一名词。

例如：

Crafty men contemn studies，simple men admire them，and wise men use them.

（F.Bacon: *Of Studies*）

狡猾之徒鄙视读书，浅陋之人羡慕读书，唯明智之士活读活用。

"I respect my teacher, I love my teacher, I adore my teacher."

"我尊敬我的老师，我爱戴我的老师，我倾慕我的老师。"

（三）英汉夸张对比

夸张（hyperbole）是"修辞格之一，运用丰富的想象，夸大事物的特征，把话说得张皇铺饰，以增强表达效果"。可以看出，夸张是一种用夸大的言辞来增加语言的表现力的修辞方式，但这种夸大的言辞并非欺骗，而是为了使某种情感和思想表现得更加突出。

英汉夸张在修辞效果上是相同的，即都借助言过其实、夸张变形来表现事物的本质，渲染气氛，启发读者联想。但是，英汉夸张也存在着差异，具体表现在分类和表现手法两个方面：

1. 分类存在差异

（1）英语夸张的分类

①按性质划分，英语夸张可分为扩大夸张和缩小夸张。

扩大夸张就是故意将表现对象向高、多、大等方面夸张。

例如：

Daisy is clever beyond comparison.

戴西聪明绝顶。

In the dock, she found scores of arrows piercing her chest.

站在被告席上，她感到万箭穿了心。

缩小夸张就是故意将表现对象向低、小、差、少等方面夸张。

例如：

She was not really afraid of the wild beast, but she did not wish to perform an atom more service than she had been paid for.

（Saki: *Mrs.Packletide's Tiger*）

她并不真怕野兽，而是不愿意在她报酬之外多出一丁点儿力。

②按方法划分，英语夸张可分为普通夸张和特殊夸张。

普通夸张就是基于表现对象原来基础进行夸张，或者说是"不借助其他手段而构成的夸张"。

特殊夸张"即与其他修辞方式相结合进行的夸张（或者说夸张方式体现在其他修辞方式之中）"。

（2）汉语夸张的分类

①按意义划分，汉语夸张可分为扩大夸张、缩小夸张和超前夸张三种类型。

扩大夸张就是故意将事物的数量、特征、作用、程度等夸大。

例如：

每年——特别是水灾、旱灾的时候，这些在日本厂里有门路的带工，就亲身或者派人到他们家乡或者灾荒区域，用他们多年熟练了的，可以将一根稻草讲成金条的嘴巴，去游说那些无力"饲养"可又不忍让他们的儿女饿死的同乡。

（夏衍《包身工》）

缩小夸张就是故意把事物的数量、特征、作用、程度等往小、弱方面夸张。

例如：

我从乡下跑到城里，一转眼已经六年了。

（鲁迅《一件小事》）

超前夸张就是故意将两件事中后出现的事说成是先出现的或是同时出现的。例如，我们说一个姑娘害羞，常常说"她还没说话脸就红了"，这就是一种超前夸张。

②按构成划分，夸张可分为单纯夸张和融合夸张两类。

单纯夸张就是不借助其他修辞方式，直接表现出的夸张。

例如：

君不见，黄河之水天上来，奔流到海不复还；君不见，高堂明镜悲白发，朝如青丝暮成雪。

（李白《将进酒》）

融合夸张就是借助比喻、拟人等修辞方式表现出来的夸张。

例如：

这种景观多么壮丽啊！上百只鹤群恰似飘摇于飓风中的鸿毛，轻盈飞扬；又如海中的巨大漩涡，缓缓升腾。

（江口涣《鹤群翔空》）

可以看出，英语和汉语中都有扩大夸张和缩小夸张，但是汉语中有超前夸张，这是英语中所没有的。

2. 表现手法存在差异

在表现手法上，英语多借用词汇手段进行夸张，如通过形容词、名词、副词、数词等表现夸张；而汉语则多借助直接夸张或修辞手段来表现夸张。

（四）英汉对偶对比

对偶是指用字数相同、句法相似的语句表现相关或相反的意思。运用对偶可有力地揭示一个整体的两个相反相成的侧面，暴露事物间的对立和矛盾。英汉语言中都具有对偶这种修辞手法，在修辞效果上，英汉对偶是相同的，但在结构上，二者却存在差异，具体体现在以下几个方面：

1. 句法层次存在差异

英语对偶中的两个语言单位可以处在两个并列分句中，也可以处在同一个简单句中，还可以处在主从句中。但汉语的对偶其上句和下句之间一般都是并列关系。

例如：

He that lives wickedly can hardly die honestly.

活着不老实的不可能坦然死去。

在解析数论、代数数论、函数论、泛函分析、几何拓扑学等的学科之中，已是人才济济，又加上一个陈景润。人人握灵蛇之珠，家家抱荆山之玉。

（徐迟《哥德巴赫猜想》）

2. 语言单位项数存在差异

汉语中的对偶是成双排列的两个语言单位，是双数的。而英语中的对偶既可以是成双的语言单位，也可以以奇数形式出现，如一个或三个语言单位。

例如：

Some books are to be tasted，others to be swallowed，and some few to be chewed and digested.

（F.Bacon: Of Studies）

书有可浅尝者，有可吞食者，少数则须咀嚼消化。

（王佐良 译）

Jiang Jie's staring eyes stay on the majestic stone carvings. The carefully carved large characters give her a power to transcend her inner pain:

The axe breaks the old world,

The sickle opens a new world.

江姐凝视的目光，停留在气势磅礴的石刻上，那精心雕刻的大字，带给她一种超越内心痛苦的力量：

斧头劈翻旧世界

镰刀开出新乾坤

（罗广斌、刘德彬、杨益言《红岩》）

3. 省略与重现存在差异

汉语对偶中没有省略现象，但英语对偶则没有严格的要求，既可以重复用词，也可以省略重复词语。

例如：

The coward does it with a kiss，the brave man with a sword.

懦夫借助亲吻，勇士借助刀剑。

To err is human，to forgive divine.

人非圣贤，就能无过；恕人之过，实为圣贤。

Rich family a bowl of lamp, Taicang a grain of millet; poor family a bowl of lamp, father and son gather to cry.

富家一碗灯，太仓一粒粟；贫家一碗灯，父子相聚哭。

（陈烈《题灯》）

二、英汉修辞的翻译

（一）比喻的翻译

1. 直译

英语中的明喻中常有 like，as，as if，as though 等比喻词，暗喻中有 be，become，turn into 等标志词，而汉语明喻中也有"像""好像""仿佛""如"等比喻词，暗喻中也有"是""变成""成了"等标志词，因此在翻译时可采用直译法，这样可以更好地保留原文的语言特点。

例如：

A man can no more fly than a bird can speak.

人不能飞翔，就像鸟不会讲话一样。

Today is fair. Tomorrow may be overcast with clouds. My words are like the stars that never change.

今天天色晴朗，明天又阴云密布。但我说的话却像天空的星辰，永远不变。

Now if death be of such a nature，I say that to die is gain；for eternity is then only a single night.

如果这就是死亡的本质，那么死亡真是一种得益，因为这样看来，永恒不过是一夜。

2. 意译

有时比喻也不能一味地进行直译，也要根据实际情况采用意译法进行翻译，以使译文更符合汉语的表达习惯。

例如：

He is a weathercock.

他是个见风使舵的家伙。

John Anderson my jo, John

When we were first acquent

Your locks were like the raven

Your bonnie brow was brent

约翰·安德生，我的爱人，

记得当年初相遇，

你的头发乌黑，

你的脸儿如玉。

（二）排比的翻译

1. 直译

英语排比的翻译大多可采用直译法，这样既可以保留原文的声音美与形式美，还能再现原文的强调效果。

例如：

Voltaire waged the splendid kind of warfare...The war of thought against matter, the war of reason against prejudice, the war of the just against the unjust...

伏尔泰发动了一场辉煌的战争……这是思想对物质的战争，是理性对偏见的战争，是正义对不义的战争……

The rest of the half year is a jumble in my recollection of the daily strife and struggle of our lives; of the waning summer and the changing season; of the frosty mornings when we were rung out of bed, and the cold, cold smell of the dark nights when we were rung into bed again; of the evening schoolroom dimly lighted and indifferently warmed, and the morning schoolroom which was nothing but a great shivering machine; of the alternation of boiled beef with roast beef, and boiled mutton with roast mutton of clods of bread and butter, dog's-eared lesson-books, cracked slates, tear-blotted copy-books, canings, rulerings, hair-cuttings, rainy Sundays, suet-puddings, and a dirty atmosphere of ink surrounding all.

这半年里，其余的日子，在我的记忆里，只是一片混乱：里面有我们每天生活里的挣扎和奋斗；有渐渐逝去的夏天，渐渐改变的季候；有我们闻铃起床的霜晨，闻铃就寝的寒夜；有晚课的教室，烛光暗淡，炉火将灭；有晨间的教室，像专使人哆嗦的大机器一样；有煮牛肉和烤牛肉、煮羊肉和烤羊肉，轮流在饭桌上出现，有一块块的黄油面包，折角的教科书，裂了口子的石板，泪痕斑斑的练习簿；有鞭笞和用尺打；有剪发的时候；有下雨的星期天；有猪油布丁；还有到处都泼了墨水的肮脏气氛。

2. 意译

有些排比并不适宜采用直译法进行翻译，此时可以考虑采用意译法进行调整翻译，这样不仅可以准确传达原文的含义，还能增添译文的文采。

例如：

They're rich; they're famous; They're surrounded by the world's most beautiful women. They are the world's top fashion designers and trend setters.

他们名利兼收，身边簇拥着世界上最美丽的女人。他们是世界顶级时装设计师，时尚的定义者。

3. 增译

为了避免重复，英语排比中有时会省略一些词语，而汉语排比则习惯重复用词，因此在翻译时就要采用增译法将英语原文中省略的词语在汉语译文中再现出来，以使译文符合汉语的行文习惯。

例如：

Who can say of a particular sea that it is old? Distilled by the sun, kneaded by the moon, it is renewed in a year, in a day, or in an hour. The sea changed, the fields changed, the rivers, the villages, and the people changed, yet Egden remained.

谁能指出一片海泽来，说它古远长久？日光把它蒸腾，月华把它荡漾，它的情形一年一样，一天一样，一时一刻一样。沧海改易，桑田变迁，江河湖泽、村落人物，全有消长，但是爱敦荒原，却一直没有变化。

（张谷若 译）

（三）夸张的翻译

1. 直译

夸张这种修辞手法普遍存在于英汉两种语言中，而且两种语言中的夸张在很多地方有着相似之处，因此为了更好地保持原文的艺术特点，可采用直译法进行翻译。例如：

"At'em, all hands all hands!" he roared, in a voice of thunder.

他用雷鸣般的声音吼道:"抓住他们！给我上！都给我上！"

Yes, young men, Italy owes to you an undertaking which has merited the applause of the universe.

是的，年轻人，意大利由于有了你们，得以成就这项寰宇称颂的伟业。

We must work to live, and they give us such mean wages that we die.

我们不得不做工来养活自己，可是他们只给我们那么少的工钱，我们简直活不下去。

Nay, he said-yes you did-deny it if you can, that you would not have confessed the truth, though master had cut you to pieces.

他还说——你是这么说的，有本事你就抵赖好了。你还说，就是老师把你剁成肉酱，你也绝不招出实情。

2. 意译

从上述内容中了解到，英汉夸张在表现手法、夸张用语及表达习惯方面有着很大的差异，因此不能机械照搬原文，而应采用意译法对原文进行适当地处理，以使译文通顺易懂，符合汉语的表达习惯。

例如：

Seventy times has the lady been divorced.

这位女士不知离了多少次婚了。

She is a girl in a million.

她是个百里挑一的姑娘。

On Sunday I have a thousand and one things to do.

星期天我有许多事情要做。

He ran down the avenue, making a noise like ten horses at a gallop.

他沿街跑下去，喧闹如万马奔腾。

（四）对偶的翻译

1. 直译

在多数情况下，英语对偶可直译为汉语对偶。采用直译法能有效保留原文的形式美以及内容思想，做到对原文的忠实。例如：

Speech is silver, silence is golden.

言语是银，沉默是金。

Ask not what your country can do for you, ask what you can do for your country.

不要问你的祖国能为你做些什么，而要问你能为你的祖国做些什么。

2. 增译

根据语义的需要，在将英语对偶译成汉语时需要将原文中为避免重复而省略的部分增补出来，从而保证译文的完整性，便于读者发现、感知所述内容的对立面。

例如：

Some are made to scheme, and some to love; and I wish any respected bachelor that reads this may take the sort that best likes him.

女人里面有的骨子里爱耍手段，有的却是天生的痴情种子。可敬的读者之中如果有单身汉子的话，希望他们都能挑选到合适自己脾胃的妻子。

A young gentleman may be over-careful of himself, or he may be under careful of himself. He may brush his hair too regular, or too un-regular. He may wear his boots much too large for him, or much too small. That is according as the young gentleman has his original character formed.

一位年轻的绅士，对于衣帽也许特别讲究，也许特别不讲究。他的头发梳得也许特别光滑，也许特别不光滑。他穿的靴子也许特大得不可脚，也许特小得不可脚。这都得看那位年轻的绅士，天生来的是怎么样的性格。

（张谷若 译）

3. 省略

英语注重形合，汉语注重意合，所以在汉译英语对偶时，其中的一些连接词往往可省略不译，以使译文符合汉语的表达习惯。

例如：

Everything going out and nothing coming in, as the vulgarian say. Money was lacking to pay Mr.Magister and Herr Rosenstock their prices.

俗话说得好，坐吃山空；应该付给马吉斯特和罗森斯托克两位先生的学费也没有着落了。

Snares or shot may take off the old birds foraging without hawks may be abroad, from which they escape or by whom they suffer....

老鸟儿在外面打食，也许会给人一枪打死，也许会自投罗网，况且外头又有老鹰,它们有时候侥幸躲过,有时候免不了遭殃。

(杨必 译)

4. 反译

对偶修辞时常会涉及否定表达,但是英汉语言在表达否定含义时有着明显的不同,因此在翻译英汉对偶时需要运用反译法进行适当转换,即将英语的否定形式译成汉语的肯定形式或将英语的肯定形式译成汉语的否定形式,以使译文与汉语的表达习惯相符。

例如:

With malice toward none, with charity for all, with firmness in the right, as God gives to see the right ...

我们对任何人不怀恶意,对所有人心存善念,对上帝赋予我们的正义使命坚信不疑。

第三章　当代英汉句法文化的对比与翻译

第一节　英汉句法文化的对比

简单来说，英汉句法文化的差异主要表现在修饰语的位置、语序、结构、连接方式、句型层次以及被动语态等方面。

一、修饰语位置的对比

英语是以综合型为主，向分析型过渡的语言，语序相对稳定，同时又有灵活变化；汉语是分析型语言，语序整体上较为固定。英汉句子在定语、状语等修饰语的位置方面存在诸多不同。

（一）定语位置的对比

1. 英语定语的位置

英语单词作定语一般位于名词前（特殊情况下需放在名词后），短语与从句作定语时大多位于名词后（少数情况，也可将词组放在名词前）。

例如：

an epoch-making event 划时代的事件

a justice case 正义的事业

There are many people who want to see the film.

许多人想看这部电影。

Words are living things, the very bodies in which ideas and emotions become materialized.

文字是有生命的东西，是体现思想和情感的实体。

Some of the suggestions Bill made are worth studying.

比尔提出的一些建议值得研究。

英语中定语的先后次序通常遵循下面几个原则。

（1）多个不同词类的前置单词定语的排列顺序为：限定词定语—形容词定语—分词定语—动名词定语—名词定语。

例如：

Mark Twain was a famous American writer.

马克·吐温是一位著名的美国作家。

（2）多个形容词定语的排列顺序为：数量—外观—形状—年龄—颜色—国籍—材质—用途。

例如：

The gallery is having a show of French oil painting.

画廊正在展示法国油画。

Her sister was in a snappy little red dress.

她的妹妹穿着一件漂亮的小红裙。

需要特别说明的是，英语中有些形容词的次序较为特殊。例如，描述身体特征的形容词需放在表示情感特征与性格特征的形容词前面，如 the pale anxious patients 等；表示颜色的形容词需放在表示情感特征与性格特征的形容词后面，如 a big furry brown dog。

2. 汉语定语的位置

汉语的定语一般位于中心词之前，且修饰语不会太长，数量也不会太多。例如：

武装部队

变化了的世界

宁静的绿色田野

广泛的国际教育交流

一个温和、可爱的熟人

有时，汉语中会出现多个定语修饰中心词的现象。多重定语的顺序应遵循下面的规律。

（1）带标志"的"的定语通常位于不带标志"的"的定语前面。

例如：

高浓度的有害液体

黑色的呢子大衣

（2）多种定语通常根据逻辑关系来排序，和中心语言关系越紧密的定语离中心语位置越近。

例如：

地处塔里木盆地边缘的生产哈密瓜的小镇很热闹。

那个穿黑色西装的北方人是我的高中同学。

（3）结构复杂的定语通常位于结构简单的定语前面。

例如：

新分配来的英语老师

刚从国外进口的数学用的数码录音设备

通过上述分析可以发现，英汉两种语言中如果同时两个或两个以上的单词定语位于所修饰的名词前，其顺序是不同的。具体来说，英语习惯将说明事物本质的定语放在最接近其所修饰的名词的位置。与之相反，汉语通常是将最能说明事物本质的放在最前面，而将表示规模大小、力量强弱的放在后面。因此，在对英汉句法文化进行翻译时应注意根据具体语境来进行适当的调整。试比较下面几例。

a small red wooden table 一张红木小圆桌

an excellent public transportation system 发达的公共交通系统

an outstanding contemporary Chinese writer 一位中国现代优秀作家

（二）状语位置的对比

1. 英语状语的位置

英语的状语位置相对复杂。具体来说，单词构成的状语一般可以放在动词前，也可以放在动词后，根据需要可放在句首或句尾。

例如：

Given bad weather, I will stay at home.

如果天气不好，我就待在家里。

To everyone's surprise, he refused.

让每个人都感到惊讶的是，他拒绝了。

She can never speak English without making serious mistakes.

说英语她总是出大错。

His father became so angry that he couldn't speak.

他的父亲气得说不出话来。

当句子中需要使用多个状语时，英语的习惯语序是先小概念、后大概念，先地点、后时间。

例如：

She did her work here last night.

她昨晚在这里做了她的工作。

John was born in Chicago in 1975.

约翰于1975年生于芝加哥。

She went out of the room at a quarter to 22:00 last night and then disappeared into the dark.

她昨晚十点从房间里出来，然后消失在黑暗中。

2. 汉语状语的位置

在汉语句子中，状语一般位于主语之后，谓语之前。有时，为了强调，汉语中可以将表示时间、处所、范围、条件、情态、关涉对象的状语放在主语之前。

例如：

昨天他已经检查了三遍了。

她在阅览室查阅资料。

通过投票，他担任了公司总经理。

我这辈子从没听过这种废话！

句子中多个状语连用时，汉语的顺序一般是先大概念、后小概念，先时间、后地点。

例如：

英国伦敦爆发罢工潮。

玛丽在实验室里认真地做专题实验。按照市场行情及时进行价格调整。

会议代表昨天上午在会议室热烈地讨论了朱总理的报告。

4月1日午夜，奇迹终于发生了。

二、语序的对比

英汉两种语言在构建句子和安排句子内各小句顺序方面，存在一些相似之处，但是也存在很多不同点。

（一）英语的突显语序

英语偏好突显语序。英语句子在陈述信息时，通常将重要的信息置于句首。

突显顺序在信息安排方面的处理原则主要包括以下几条：先因后果；先前景，后背景；先表态，后叙事。

1. 先果后因

英美人在表达时通常习惯先说结果，后表明原因。因果关系多体现在主从复合句中。

例如：

There are many wonderful stores to tell about the places I visited and the people I met.

我们访问了一些地方，遇到不少人，要谈起这些，我有许多奇妙的故事要讲。

本例英语原文依据先结果后原因的原则，将信息中心放在了句子的前面。

2. 先前景，后背景

前景通常是指信息的焦点、重要的信息；背景则指事件发生的时间和地点以及其他伴随状况等次要信息。英美人习惯将最重要的信息置于句首，然后再给出背景。

例如：

The street was deserted. I stood alone under a tree with all entanglement of bare branches overhead. Waiting for the last bus to arrive.

在寂寞的马路旁疏枝交错的树下，等候最后一辆汽车的只有我一人。

在本例中，英语原文中为了突出前景而将"under a tree with all entanglement of bare branches overhead. Waiting for the last bus to arrive."的背景信息放在句尾，从而减轻了句首可能出现的重叠。

3. 先表态，后叙事

当句子中叙事部分和表态部分同时存在时，英语通常会先表态，后叙事，表态部分通常很简短，叙事部分则相对较长。

例如：

It is regrettable that the aggressive market strategy of Japanese colleagues and their apprentices in Korea has resulted in destructive price erosion for consumer electronics goods.

我们的日本同行和他们的韩国"徒弟们"以其野心勃勃的市场战略破坏性地降低了民用电子产品的价格，这是令人感到遗憾的。

英美人通常是先表达个人的感受、观点、态度以及结论，他们认为这比较重要，然后才交代理由与事实，形成一种头短尾长的结构形式。

（二）汉语的时序统御

汉语句子主要是依循事件的自然进程而铺展的。自然时序在信息安排方面的处理原则如下：先偏后正，先因后果；先背景，后焦点；先叙事，后表态。

1. 先偏后正，先因后果

在汉语中，不论是什么语体，句子的排列结构往往是先偏后正，先因后果，这一点是符合时序规律和逻辑规律的。相比而言，在英语中，这些句子要素的位置则较为灵活，可以在前，也可以在后，原因在于英语的形态形式手段多于汉语，可以很好地控制语义关系。汉语在表达分句之间的关系时，通常是依靠整体的语义连贯和相对固定的语序来实现。

例如：

他身体很弱，不能动手术。

He cannot be operated as he is very weak.

在本例中，汉语原文首先表明原因，然后给出结果。而英语的语序则正好相反。

2. 先背景，后焦点

汉语句子一般是先介绍背景情况（如地点、时间、方式等），接着点明话语的信息中心。

例如：

我们进来的时候，他正坐在火边。

He was siting before the fire when we entered.

在本例中，汉语原句先介绍了时间信息——"我们进来的时候"，然后点出信息中心——"他正坐在火边"。译成英语，语序与之相反。

3. 先叙事，后表态

在汉语中，通常是先叙事，再做出评判与表态。

例如：

有朋自远方来，不亦乐乎。

It is a great pleasure to meet friends from afar.

在本例中，汉语原文将叙事的部分放在句首，然后进行表态，这与汉语的定语修饰语与中心语的顺序一致。

三、结构的对比

（一）英语的句子结构

英语凸显主语，句子往往会受形式逻辑的制约，采用"主语—谓语"结构，并且主语与谓语之间有着紧密联系，也构成了英语常见的主谓句。

一般而言，英语语言中会运用各种连接词将具有限定、修饰、补充、并列等作用的短语或者从句附于主干上，因此英语句子多为树形结构。

例如：

This is the cat that killed the rat that ate the malt that lay in the house that Jack built.

那只偷吃杰克房子里麦芽的老鼠，被这只猫捕杀了。

上例英语原文有明显的主谓结构，其中主谓句是"This is the cat."然后由后面that引导的从句附于这一主干上，对主干进行修饰和限定。

（二）汉语的句子结构

汉语凸显主题，句子往往会受思维逻辑的制约，采用"主题—述题"结构，其中主题一般是已知的信息，指的是说明的对象；而述题是未知的信息，是对上述主题的描写、叙述、解释、评议等。

一般来说，汉语的主谓宾结构排列比较松散，往往依靠句子成分间的隐形逻辑来贯穿，表达完整意义，就像一个个小竹节，因此汉语句子多为竹形结构。

例如：

爱子心切，母亲背着小儿子、拖着大儿子，在冷雨中徒步行走了40千米的冰路。

上述汉语例句并没有使用"由于""因为"等连接词语，但是根据短句间的逻辑关系，可以完全读懂其存在的因果关系，且句子中使用了"背""拖""行走"等多个动词直接连接，不需要任何其他连词。

四、连接方式的对比

（一）英语的连接方式：形合

根据《美国传统词典》，形合是指"The dependent or subordinate construction or relationship of clauses with connectives, for example, I shall despair if you don't come."即语法手段是英语句子之间的主要连接方式。

具体来说，以形显义是英语句法的重要特征。为了满足句意表达的需要，有时应将句子中的词语、短语、分句或从句进行连接，英语常采取一些语法手段，如关联词、引导词等，从意义与结构两个方面实现句子的完整性。

例如：

On campuses all across the United States, Americans who lectured and studied in China in the 1930s and 40s today are invigorating our own intellectual life-none of them with greater distinction than Professor John K. Fairbank, who honors us by joining my traveling party.

今天在美国的各个大学里，曾经于20世纪三四十年代在中国讲学并做过研究的美国人正活跃着美国的学术生活。他们中间最有名望的是费正清教授，他这次同我们一起访华，使我们感到荣幸。

本例中，"Americans are invigorating"是句子的主干结构。其中，主语是"Americans"，谓语是"are invigorating"。此外，本例中还有两个定语从句，即用来修饰"Americans"的"who lectured and studied in China in the 1930s and 40s"及用来修饰"Professor John K.Fairbank"的"who honors us by joining my traveling party"。可见，例句不仅含有较多介词、代词与名词，还具有较为复杂的结构，但其内在的逻辑关系却十分清晰，这正是英语形合的典型特点。

（二）汉语的连接方式：意合

根据《世界图书英语大词典》，意合是指"The just apposition of clauses or phrases without the use of coordinating or subordinating conjunctions, for example: It was cold；the snows came."即句间与句内的联系主要依靠意义之间的逻辑关系。

与英语不同，汉语往往呈现出形散神聚的特征。具体来说，顺序标志词、逻辑关系词等明显的连接形式在汉语中较少出现，句子的含义常常通过动词来表示，且读者往往需要进行积极思考才能将句子的内在逻辑关系梳理清楚。

例如：

我从此便整天地站在柜台里，专管我的职务。虽然没有什么失职，但总觉得有些单调，有些无聊。掌柜是一副凶脸孔，主顾也没有好声气，教人活泼不得；只有孔乙己到店，才可以笑几声，所以至今还记得。

（鲁迅《孔乙己》）

不难发现，本例中先后使用了"虽然""但""所以"等关联词。尽管如此，读者要想准确把握句间的内在含义，必须亲自体会与分析。

五、句型层次的对比

句型是造句的基本模型，是句子的基本框架。英汉语言在句型层次方面的不同之处集中体现在谓语部分的完整性方法上,即英语句子注重谓语结构完整,而汉语则不一定非得完整。

(一)英语的句型层次

从句型层次上来说,英汉对句子划分的依据是不完全一致的。英语句子一般分为简单句、复杂句、并列句以及并列复杂句。

例如:

The boy is reading.(简单句)

The boy is reading and his sister is playing.(并列句)

The girl who I know is his sister.(复杂句)

When the girl is seven years old, she begins to go to school but her brother has been a entrepreneur.(并列复杂句)

(二)汉语的句型层次

汉语句子中也存在类似的划分法,句子可以分为简单句、复杂句,复杂句又可以分为并列复杂句和偏正复杂句。

例如:

他喜欢放风筝。(简单句)

我是电影明星,我妹妹是企业家。(并列复杂句)

因为他是一名大学生,所以村里面的人都很羡慕他,但是他总是觉得不以为然。(偏正复杂句)

可见,汉语比英语更加注重句法和语义融合为一体。很明显,英语的复杂句中的部分句子存在层级、包含的关系,但是汉语中的复杂句中的分句是独立的平等关系。

六、被动语态的对比

(一)英语的被动语态

从语态上来看,英语句式中常使用被动语态。在英语中,相当多的及物动词以及相当于及物动词的短语都有被动式。在英语中,使用被动语态通常包括以下几种情况。

(1)为了加强上下文的连贯、衔接。

例如:

Language is shaped by, and shapes, human thought.

人的思想形成语言,而语言又影响了人的思想。

(2) 出于礼貌,使措辞得当,语气委婉。

例如:

Visitors are requested to show their tickets.

来宾请出示入场券。

(3) 动作的对象是谈话的中心话题。

例如:

The scientific research plan has already been drawn up.

科研计划已经拟出来了。

(4) 无法说出动作的实行者是谁。

例如:

You're wanted on the phone.

你的电话。

(5) 不知道或没有必要说明行为的实行者。

例如:

The audience are quested to keep silent.

请听众保持肃静。

(二) 汉语的被动语态

由于汉语经常使用"主题—述题"结构,再加上受思维习惯影响,中国人注重"悟性",强调"事在人为"和个人感受等,汉语不常用被动语态。

汉语被动语态在表达被动时经常借助词汇手段,这种手段有以下两种。

(1) 有形式标记的被动式,如"被""受""挨""让""给""遭""加以""为……所"等。

例如:

我们挨了半天挤,什么热闹也没看到。

我的建议被否决了。

该计划将由一个特别委员会加以审查。

(2) 无形式标记的被动式,其在主谓关系上带有被动含义。

例如:

每一分钟都要很好地利用。那种说法证明是不对的。

汉语中还有一种习惯句型——无主句。从形式上来看,无主句没有主语,但在不同的语境中,可以表示完整、明确的语义。例如:

一致通过了决议。

为什么总把这些麻烦事推给我呢?

汉语在表达思想时，习惯说出行为动作的执行者。因此，人称表达法比较常见，如果不能确定人称，可采用泛人称句，如"人们""有人""别人""大家"等。例如，"人们有时会问……""有人指出……""大家知道……"等。

第二节　英汉句法文化的翻译

一、比较句的翻译

（一）as...as... 及其衍生句型的翻译

1. as...as... 句型的翻译策略

as...as... 句型表示两者比较程度相同，因此可译为"……和……一样……"。

例如：

The economic development in our country is as stable recently as formerly.

最近，我国的经济发展和以前一样稳定。

2. not so much...as... 句型的翻译策略

not so much...as... 句型一般译为"与其说……不如说……"。

例如：

The oceans do not so much divide the world as unite it.

与其说海洋把世界分割开来，还不如说是海洋把世界连接在一起。

3. not as（or so）...as... 句型的翻译策略

not as（or so）...as... 句型表示两者的程度不同，前者不如后者，因此一般可译为……不如……"。

例如：

People are not so honest as they once were.

人们现在不如过去那样诚实了。

4. not so much as... 句型的翻译策略

not so much as... 句型通常可以译为"甚至没有……""甚至不……"。

例如：

She hadn't so much as her fare home.

她甚至连回家的路费都没有了。

（二）more...than... 句型的翻译

1. more than... 句型的翻译策略

英语中 more than... 句型之后词语的词性不同，意义也不同，如后接名词或动词，意思是"不只是……"；后接形容词、副词或分词时，意思是"非常，极其"；后接数词时，意思是"多于……""……以上"；翻译时应根据具体情况选用不同的汉语词语。

例如：

I have no more than ten dollars in my pocket.

我口袋里还有十多美元。

He more than smiled, but laughed.

他不只是微笑，而是放声大笑。

She was more than upset by the accident.

这个意外事故让她非常心烦。

2. no more...than... 句型的翻译策略

no more...than... 句型在意义上表示对两者的否定，因此可译为汉语的"和……一样不""既不……也不""……和……两者都不""不……正如……"。

例如：

I am no more a poet than he is a scholar.

我不是诗人，正如他不是学者一样。

Her grammar is no better than me.

她的语法同我的一样不好。

3. more A than B 句型的翻译策略

more A than B 句型一般用于比较同一个人或事物的两个不同性质或特征，翻译时可译为汉语中的"与其说 B，不如说 A"。

例如：

He is more a writer than a teacher.

与其说他是老师，不如说他是作家。

（三）比较级 +than to do... 句型的翻译

英语比较级 +than to do... 句型一般可翻译为"不至于做某事"。

例如：

I have more sense than to tell her about our plan.

我不至于傻到会把我们的计划告诉他。

You ought to know better than to go swimming on such a cold day.

你不至于这么冷的天去游泳吧。

二、被动句的翻译

（一）译为被动句

一些形式较为单一的英语被动句都是着重被动的动作，因此可以翻译成带有"被、遭（到）、受（到）、为……所……"等标记的汉语被动句。

例如：

The metric system is now used by almost all the countries in the world.

公制现在被全世界几乎所有的国家所采用。

How long will it be before black and white sets are found only in the museum?

还要经过多久，黑白电视才会被送进博物馆呢？

Nuclear power has been known to scientists for quite a long time.

核动力为科学家所认识已经很久了。

He had been fired for refusing to obey orders from the head office.

他因拒绝接受总公司的命令而被解雇了。

（二）译为主动句

将英语的被动句译为汉语的主动句是很常用的方法，这种方法通常保持英语原文的主语，只是不译出"被"字。

例如：

Temperature is quickly changed from room temperature to 125℃ is held there for 15 minutes.

将温度从室温迅速升高到125℃，并保持15分钟。

These fractions must be distributed by pipeline or tanker to the final distributors, such as filling stations (for gasoline and diesel oil), which sell it to the ultimate users.

用输油管或游轮（油罐车）把这些产品分送到基层销售点，如汽油和柴油加油站，在那里出售给最终用户。

（三）译为判断句

在某些情况下，被动句还可以译为汉语中的判断句，也就是"……是……的"句式。这就使句子的主语成为句中谓语动词的承受对象，符合汉语表达习惯。

例如：

Many car engines are cooled by water.

许多汽车发动机都是用水冷却的。

Some plastics have been discovered by accidents.

有一些塑料是偶然发现的。

Our bodies are heated by the consumption of sugar in the blood.

人的体温是靠消耗血液中的糖分来维持的。

（四）译为无主句

英语受严格的主、谓、宾结构限制，而汉语表达比较灵活，句子中可以没有主语。因此，英语的被动语句有时可以翻译成汉语的无主句。

例如：

The unpleasant noise must be immediately put to an end.

必须立刻终止这种讨厌的噪音。

Attention has been paid to the new measures to prevent corrosion.

已经注意到这种防腐的新措施。

此外，一些由 it is+ 过去分词 +that 从句构成的英语被动句型，在汉译时也往往被译为汉语的无主句。

例如：

It is said that Martin has come back home from abroad.

据说马丁从国外回来了。

（五）增加主语

有些英语被动句并未出现表示行为主体的词或词组，在翻译这类句子时，可适当增添一些不确定的主语，如"人们""我们""有人"等。

例如：

The issue has not yet been thoroughly explored.

人们对这一问题迄今尚未进行过彻底的探索。

She was seen to enter the building about the time the crime was committed.

有人看见她大致在案发时进入了那座建筑物。

（六）译为"把"字句等

英语中的一些被动句在汉译时，可以译成汉语中的"把"字句、"使"字句、"由"字句。

例如：

This letter was written by the president himself.
这封信是由总统本人写的。
Traffic in that city was completely paralyzed by the flood.
洪水使那座城市的交通彻底瘫痪。
I'm homeless now, because my house was totally destroyed by the flood.
我现在无家可归了，因为一场水灾把我的房子全毁了。

三、否定句的翻译

英语中的否定形式相当灵活。常见的英语否定句主要包括全部否定、部分否定、双重否定等。在对否定句进行翻译时，应对原否定结构进行仔细分析，准确理解其真正含义以及否定词所否定的对象或范围，结合其逻辑意义，选用合适的翻译策略进行翻译。

（一）全部否定的翻译

全部否定是对句子否定对象进行全盘、彻底的否定。英语中常用的全部否定词和词组包括 no，not，never，none，nothing，nobody，no one。在翻译全部否定句式时，通常可直接翻译全部否定词，但应确保符合译入语表达习惯。

例如：

Nothing in the world moves faster than light.
世界上没有任何东西比光的速度快。
None of the answers are right.
这些答案都不对。
I had never heard anyone talk about a product the way he talked about coffee.
我以前从未见过有谁像他谈论咖啡那样谈论某些产品。

（二）双重否定的翻译

双重否定是两个否定词连用，否定同一个单词，或一个否定词与一些表示否定意义的词连用，由于其否定意义相互抵消，从而使句子获得肯定意义。双重否定句式一般有两种译法：译为汉语的双重否定句；译为汉语肯定句。

例如：

No one has nothing to offer to society.
人人都可以为社会奉献点什么。

No less than forty people were killed in the accident.

事故中多达四十人死亡。

（三）部分否定的翻译

部分否定指的是整个句子中部分是肯定意义，部分是否定意义。部分否定句式一般由代词或副词与否定词组合而成。这些代词或副词有 both，every，all，everything，everyboday，entirely，wholly，everywhere 等。英语部分否定句式一般可以译为"不都是""不总是""并非都""不一定总是"等。

例如：

Both of the instruments are not precision ones.

这两台仪器并不都是精密仪器。

I do not want everything.

我并不是什么都想要。

Not every conclusion can hold water.

并非每个结构都能站得住脚。

四、强调句的翻译

（一）do 引导的强调句的翻译

英语中经常采用词汇手段，用助动词"do"来强调句子中的谓语动词，翻译时多译为"的确、确实"。

例如：

Acupuncture is promoted as a treatment for pain-and there is absolutely no question that it does in fact provide short-term benefit for many of the people who try it.

针灸现在越来越多地被用于治疗疼痛——毫无疑问，事实上针灸的确为这一疗法的许多尝试者带来了短期效果。

（二）what 引导的强调句的翻译

以 What 开头的主语从句引出的句式"What 从句 +be"也是一种强调句型。需要注意的是，当用来强调某一事物时，be 动词后多跟名词、名词性结构或表语从句。当用来强调或某一行为时，从句中含有实义动词 do，且 be 动词后多用不定式结构。在翻译 what 引导的强调句时，通常采用顺译法。

例如：

What I said just now is that you should think before you act.（强调所说的内容）

我刚才所说的就是你应该三思而后行。

What we have been talking about is her illness.（强调所谈论的事）
我们一直在谈论的正是她的疾病。

What I should do next is to carry out the perfect plan.（强调行为）
我下一步应该做的就是执行这个完美的计划。

What is more revolutionary is that the Web can lead to greater political involvement in decision making for ordinary people, via e-voting systems.（强调事物及其特征）
更具革命性的是，万维网可以引导普通百姓借助于电子投票系统参与较为重大的政治决策。

（三）it 引导的强调句的翻译

标准的强调句型是用引导词 It 引出的句型结构，即 It is/was...that/who... 结构。所强调的部分位于 It is/was 与 that/who 之间，其余部分则位于 "that/who" 之后。此结构主要是用来强调句中的主语、宾语和状语的。

翻译 it 引导的强调句时，主要有顺译和倒译两种译法。

1. 顺译法

顺译法先译强调主句部分（即 that/who 之前的部分），多译为"（正）是……"。

例如：

It is these drawbacks which need to be eliminated and which have led to the search for new processes.（强调主语）
正是这些缺陷需要加以消除并导致了对新方法的探索。

It is this symbol that makes flowcharts so valuable, because it directs us to different routes when necessary.（强调主语，句尾是省略结构的时间状语从句）
正是这个符号赋予流程图以极大价值，因为它在必要时会把我们引向不同的路径。

It is this molecular motion that we call heat.（强调宾语）
正是这种分子运动我们称为热。

It was for their discovering polonium and radium that Mrs.Curie and her husband were both awarded the Nobel Physics Prize in 1903.（强调状语）
正是由于发现了钋和镭，居里夫人和她的丈夫于1903年双双获得了诺贝尔物理学奖。

Who was it that invented the electric bulb?（强调疑问词 who）

是谁发明了电灯泡?

It is only when particles are close enough to exert relatively large forces on one another that they are able to set each other into this type of vibration.（强调时间状语从句）

只有当粒子紧密到能够相互施加较大的力时，它们才能使彼此产生这样的振动。

2. 倒译法

倒译法先译强调从句部分（即 that/who 之后的部分），多译为"……的，（正）是……"。

例如：

It isn't James Watt who invented the telephone.（强调主语）

发明电话的并不是詹姆士·瓦特。

It was an astronaut that he wanted to be.（强调表语）

原先他想当的是一名宇航员。

It is the people's interests about which he is often thinking.（强调动词短语中介词的宾语，介词提前只能用 which/whom 而不可用 that/who）

他经常想到的是人民的利益。

It was red that she dyed the dress.（强调宾语补足语）

她给衣服染的是红色。

Why on earth is it that no one has received his inventive idea as scientific?（强调疑问词 why）

没有人认为他的富有创造性的见解是科学的，这究竟是为什么?

It is what you'll do, not what you'll say, that is really important.（强调主语从句）

真正重要的是你将要做什么而不是你将要说什么。

It is which experiment should be done first that they will discuss tomorrow.（强调宾语从句）

他们明天将要讨论的是应该先做哪一个试验。

五、从句的翻译

（一）状语从句的翻译

1. 让步状语从句的翻译

（1）译为表"让步"的状语分句。

例如：

While this is true of some, it is not true of all.

虽有一部分是如此，但不见得全部是如此。

Although he seems hearty and outgoing in public, Mr.Smith is a withdraw and introverted man.

虽然史密斯先生在公共场合是热情和开朗的，但是他却是一个性格孤僻、内向的人。

（2）译为表"无条件"的状语分句。

例如：

No matter what misfortune befell him, he always squared his shoulder and said: "Never mind.I'll work harder."

不管他遭受到什么不幸事儿，他总是把胸一挺，说："没关系，我再加把劲儿。"

Whatever combination of military and diplomatic action is taken, it is evident that he is having to tread an extremely delicate tight-rope.

不管他怎么样同时采取军事和外交行动，他显然不得不走一条极其危险的路。

2.原因状语从句的翻译

（1）译为因果偏正句的主句。

例如：

Because he was convinced of the accuracy of this fact, he stuck to his opinion.

他深信这件事的正确可靠，因此坚持己见。

The perspiration embarrasses him slightly because the dampness on his brow and chin makes him look more tense than he really is.

额头和下巴上出的汗，使他看起来比实际上更加紧张些，因此出汗常使他感到有点困窘。

（2）译为表原因的分句。

例如：

The crops failed because the season was dry.

因为气候干旱，所以农作物歉收。

The book is unsatisfactory in that it lacks a good index.

这本书不能令人满意之处就在于缺少一个完善的索引。

3. 目的状语从句的翻译

（1）译为表"目的"的前置状语分句。

例如：

We should start early so that we might get there before noon.

为了在正午以前赶到那里，我们应该尽早动身。

The leader stepped into the helicopter and flew high in the sky in order that he might have a bird's-eye view of the city.

为了对这个城市做一鸟瞰，那位领导跨进直升机，凌空飞翔。

（2）译为表"目的"的后置状语分句。

例如：

He told us to keep quiet so that we might not disturb others.

他叫我们保持安静，以免打扰别人。

Man does not live that he may eat, but eats that he may live.

人生存不是为了吃饭，但是人吃饭是为了生存。

4. 时间状语从句的翻译

对于时间状语从句的翻译，这里以较为复杂的 when 时间状语从句作为例子进行说明。在翻译 when 时间状语从句时，不能拘泥于表示时间的一种译法，要结合实际环境，采用不同的翻译方法。具体翻译方法有以下几种。

（1）译为相应地表示时间的状语从句。

例如：

When she spoke, the tears were running down.

她说话时，泪流满面。

When the history of the Nixon Administration is finally written the chances are that his Chinese policy will stand out as a model of common sense and good diplomacy.

当最后撰写尼克松政府的历史时，他的对华政策可能成为懂得常识和处理外交的楷模。

（2）译为"每当……""每逢……"结构。

例如：

When you look at the moon, you may have many questions to ask.

每当你望着月球时，就会有许多问题要问。

When you meet a word you don't know, consult the dictionary.

每逢遇到不认识的词，你就查词典。

（3）译为"在……之前""在……之后"结构。

例如：

When the firemen got there, the fire in their factory had already been poured out.

在消防队员赶到之前，他们厂里的火已被扑灭了。

When the plants died and decayed, they formed organic materials.

在植物死亡并腐烂后，便形成有机物。

（4）译为并列句。

例如：

He shouted when he ran.

他一边跑，一边喊。

They set him free when his ransom had not been paid.

他还没有交赎金，他们就把他释放了。

（5）译为"刚……就……""……就……"结构。

例如：

Hardly had we arrived when it began to rain.

我们一到就下雨了。

He had hardly rushed into the room when he shouted, "Fire! Fire!"

他刚跑进屋里就大声喊："着火了！着火了！"

（6）译为条件复句。

例如：

Turn off the switch when anything goes wrong with the machine.

一旦机器发生故障，就把电门关上。

When you have driven Jaguar once, you won't want to drive another car.

只要你开过一次美洲虎牌汽车，你就不会再想开其他牌子的汽车了。

5. 条件状语从句的翻译

（1）译为表"条件"的状语分句。

例如：

If you tell me about it, then I shall be able to decide.

如果你告诉我实情，那么我就能做出决定。

Given notes in detail to the texts, the readers can study by themselves.

要是备有详细的课文注释，读者便可以自学了。

（2）译为表示"假设"的状语分句。

例如：

If the government survives the confident vote, its next crucial test will come in a direct vote on the treaties May 4th.

假使政府经过信任投票而保全下来的话，它的下一个决定性的考验将是 5 月 4 日就条约举行的直接投票。

If the negotiation between the rich northerly nations and the poor southerly nations make headway, it is intended that a ministerial session in December should be arranged.

要是北方富国和南方穷国之间的谈判获得进展的话，就打算在 12 月份安排召开部长级会议。

（3）译为"补充说明"的状语分句。

例如：

"He is dead on the job.Last night if you want to know."

"他是在干活时死的，就是昨晚的事，如果你想知道的话。"

"You'll have some money by then, -that is, if you last the week out, you fool."

"到那时你该有点钱了——就是说，如果你能熬过这个星期的话，小子。"

（二）名词性从句的翻译

1. 主语从句的翻译

（1）以 what，whatever，whoever 等代词引导的主语从句可按原文的顺序翻译。其中，以 what 引导的名词性关系从句可译为汉语的"的"字结构或译成"的"字结构后适当增词益字。

例如：

Whatever he saw and heard on his trip gave him a very deep impression.

他此行的所见所闻给他留下了深刻的印象。

Whoever did this job must be rewarded.

无论谁干了这件工作，一定要得到酬谢。

（2）以 it 作形式主语的主语从句，翻译时根据情况而定。可以将主语从句提前，也可以不提前。

例如：

It seemed inconceivable that the pilot could have survived the crash.

驾驶员在飞机坠毁之后，竟然还活着，这似乎是不可想象的。

It is strange that she should have failed to see her own shortcomings.

真奇怪，她竟然没有看出自己的缺点。

2. 宾语从句的翻译

（1）以 what，that，how 等引导的宾语从句，在翻译时一般不需要改变它在原句中的顺序。

例如：

Mr.Smith replied that he was sorry.

史密斯先生回答说，他感到遗憾。

He would remind people again that it was decided not only by himself but by lots of others.

他再次提醒大家说，决定这件事的不只是他一个人，还有其他许多人。

（2）用 it 作形式宾语的句子，翻译时 that 引导的宾语从句一般可按原句顺序，it 不译，但有时在译文中也可以将宾语从句提前。

例如：

I take it for granted that you will come and talk the matter over with him.

我想你会来跟他谈这件事情的。

I regard it as an honor that I am chosen to attend the meeting.

被选择参加会议，我感到光荣。

3. 表语从句的翻译

同宾语从句一样，表语从句一般也可按原文顺序进行翻译。

例如：

This is what he is eager to do.

这就是他渴望做的事情。

This is where the shoe pinches.

这就是问题的症结所在。

That was how a small nation won the victory over a big power.

就这样，小国战胜了大国。

4. 同位语从句的翻译

同位语一般情况下用来对名词或代词做进一步解释，在翻译时并没有对同位语的顺序做过多的规定，可以保留同位语从句在原文的顺序，也可以将从句提前。

例如：

They were very suspicious of the assumption that he would rather kill himself than surrender.

对于他宁愿自杀也不投降这种假设，他们是很怀疑的。

An obedient son, I had accepted my father's decision that I was to be a doctor, though the prospect interested me not at all.

作为一个孝顺的儿子，我接受了父亲的决定，要当医生，虽然我对这样的前途毫无兴趣。

此外，在翻译时，还可以采用增加"即"或"以为"，或用破折号、冒号将同位语从句与主句分开的方法。

例如：

But it ignores the fact that, though pilots, we potentially were in as much danger of capture as any covert agent.

但却忽略了这一点，即我们虽说是驾驶员，却和任何潜伏的特务一样有被俘的危险。

And there was the possibility that a small electrical spark might accidentally bypass the most carefully planned circuit.

而且总有这种可能性——一个小小的电火花，可能会意外地绕过了最为精心设计的线路。

（三）定语从句的翻译

1. 非限制性定语从句的翻译

英语非限制性定语从句对先行词不起限定作用，只对它加以描写、叙述或解释，翻译这类从句时可以运用下列方法。

（1）前置法

一些较短的且具有描写性的非限制性定语从句，可以译成"的"字前置定语，放在被修饰词的前面。

例如：

The emphasis was helped by the speaker's mouth, which was wide, thin and hard set.

讲话人那又阔又薄又紧绷的嘴巴，帮助他加强了语气。

He liked his sister, who was warm and pleasant, but he did not like his brother, who was aloof and arrogant.

他喜欢热情快乐的妹妹，而不喜欢冷漠高傲的哥哥。

（2）后置法

运用后置法时，既可译为并列分句又可译为独立分句。

例如：

The cook turned pale, and asked the housemaid to shut the door, who asked

Brittles, who asked the tinker, who pretended not to hear.

厨子的脸色变得苍白,要女仆把门关上,女仆却叫布立特尔斯关,布立特尔斯又叫补锅匠去关,而补锅匠装作没听见。(译为并列分句)

When she was lost to his view, he pursued his homeward way, glancing up sometime at the sky, where the clouds were sailing fast and wildly.

当他看不见她了,才朝家里走去,有时抬头望望天空,乌云在翻滚奔驰。(译为并列分句)

He had talked to Vice-President Nixon, who assured him that everything that could be done would be done.

他和副总统尼克松谈过话,副总统向他保证,凡是能够做到的他将竭尽全力去做好。(译为独立分句)

They were also part of a research team that collected and analyzed data which was used to develop a good ecological plan for efficient use of the forest.

他们还是一个研究小组的成员,这个小组收集并分析数据,用以制订一项有效利用这片森林的完善的生态计划。(译为独立分句)

2. 限制性定语从句的翻译

限制性定语从句对所修饰的先行词起限制作用,与先行词关系密切,不用逗号隔开,翻译这类句子可以用以下方法。

(1) 前置法

前置法就是将英语限制性定语从句译成带"的"字的定语词组,放在被修饰的词前面,从而将复合句译成汉语单句。这种方法常用于比较简单的定语从句。

例如:

A man who doesn't try to learn from others cannot hope to achieve much.

一个不向别人学习的人是不能指望有多少成就的。

That's the reason why I did it.

这就是我这样做的原因。

Everything that is around us is matter.

我们周围的一切都是物质。

(2) 后置法

如果英语从句的结构比较复杂,译成汉语前置定语显得太长而不符合汉语表达习惯时,可以译成后置的并列分句。

例如:

They are striving for the ideal which is close to the heart of every Chinese and for which, in the past, many Chinese have laid down their lives.

他们正在为实现一个理想而努力奋斗，这个理想是每个中国人所追求的，在过去，许多中国人为了这个理想而牺牲了自己的生命。

He managed to raise a crop of 200 miracle pumpkins that weighed up to fifteen pounds each.

他居然种出了200个奇迹般的南瓜，每个重达15磅。

（3）融合法

融合法是把原句中的主句和定语从句融合在一起译成一个独立句子的一种方法。

例如：

There was another man who seemed to have answers and that was Robert McNamara.

另外一个人似乎胸有成竹，那就是罗伯特·麦克纳马拉。

These were the meetings that were engineering Khrushchev's "resignation" on ground of "advancing age and deteriorating health".

这些会议促使赫鲁晓夫"辞职"，其理由是他的"年纪越来越大，而且健康状况日益恶化"。

3. 兼有状语功能的定语从句的翻译

英语中有些定语从句，兼有状语从句的功能，在意义上与主句有状语关系，说明原因、结果、目的、让步、条件假设等关系。在翻译的时候应根据原文发现这些逻辑关系，然后译成汉语的各种相应的偏正复合句。

（1）译成目的偏正句。

例如：

He wishes to write an article that will attract public attention to the matter.

他想写一篇文章，以便能引起公众对这件事的注意。

So my chances of getting to revolutionary China are pretty slim, although I have not given up my efforts to get a passport, that will enable me to visit the countries of Socialism.

因此，我到革命中国来的机会相当小，虽然我并没有放弃努力争取一张护照，以便访问社会主义国家。

（2）译成时间偏正句。

例如：

Electricity which is passed through the thin tungsten wire inside the bulb makes the wire very hot.

当电通过灯泡里的细钨丝时，会使钨丝变得很热。

He expressed his philosophy in letters to his friend General George Roges Clark, who was also being unfairly criticized.

在他的朋友乔治·罗杰斯·克拉克将军同样遭到不公正的批评时，杰斐逊给他写信表示自己的观点。

（3）译成让步偏正句。

例如：

The question, which has been discussed for many times, is of little importance.

这个问题尽管讨论过多次，但没有什么重要性。

My assistant, who had read carefully through the instructions before doing the experiment, could not obtain satisfactory results, because he followed them mechanically.

虽然我的助手在做实验之前从头到尾仔细阅读过说明书，但由于他死搬硬套，所以没有得到满意的结果。

（4）译成原因偏正句。

例如：

Einstein, who worked out the famous theory of Relativity, won the Nobel Prize in 1921.

由于爱因斯坦提出了著名的"相对论"理论，因此他于1921年获得了诺贝尔奖。

The ambassador was giving a dinner for a few people whom he wished especially to talk to or to hear from.

大使特地宴请了几个人，因为他想和这些人谈谈，听听他们的意见。

（5）译成结果偏正句。

例如：

The airplane is the first in the scale of increasing vehicle size that would appear to be adaptable to nuclear power.

在运输工具体积增加方面，飞机占第一位，因此它看来是适合采用核动力的。

There was something original, independent, and heroic about the plan that pleased all of them.

这个方案富于创造性，独具匠心，很有魅力，他们都很喜欢。

(6) 译成条件、假设偏正句。

例如：

The remainder of the atom, from which one or more electrons are removed, must be positively charged.

如果从原子中移走一个或多个电子，则该原子的其余部分必定带正电。

Men became desperate for work, any work, which will help them to keep alive their families.

人们极其迫切地需要工作，不管是什么工作，只要它能维持一家人的生活就行。

六、长句的翻译

（一）顺译法

顺译法是指按照原句的顺序进行翻译的方法。如果英语句子依照时间先后顺序来描述事件的发生过程，这符合汉语句子的表述方式，在翻译时就可以采用顺译法。

例如：

Prior to the twentieth century, women in novels were stereotypes of lacking any features that made them unique individuals and were also subject to numerous restrictions imposed by the male-dominated culture.

在20世纪以前，小说中的妇女都像是一个模式。她们没有任何特点，因而无法成为具有个性的人；她们还要屈从于由男性主宰的文化传统强加给她们的种种束缚。

As we crossed some high bridges near the Blue Ridge Mountains on the first leg of our trip, a kind of breathlessness gripped me, a sinking rolling sensation in the pit of my stomach.

上路后的第一程，我们就碰上了蓝脊山脉附近高悬的大桥。我简直紧张得透不过气来，心头发紧，有种人仰马翻的感觉。

（二）逆译法

当英语和汉语句子的语义逻辑不一致或完全相反时，应将句子成分的前部分放到译文的后部，或者将后面部分放到译文前面，这就是逆译法。

例如：

I believe that I interpret the will of the Congress and of the people when I assert that we will not only defend ourselves to the uttermost, but will make it very certain that this form of treachery shall never again endanger us.

我断言，我们不仅会尽最大的努力来保卫自己，还将确保这种背信弃义的行为永远不会再次危及我们。我相信，这也是表达了国会和人民的意志。

They (the poor) are the first to experience technological progress as a curse which destroys the old muscle-power jobs that previous generations used as a means to fight their way out of poverty.

对于以往几代人来说，旧式的体力劳动是一种用以摆脱贫困的手段，而技术的进步则摧毁了穷人赖以为生的体力劳动，因此首先体验到技术进步之害的是穷人。

（三）合译法

合译法是指根据原文的句义关系、主次关系、逻辑关系等因素，将原文中两个或两个以上的英语词语或句子合译为一个汉语单词或句子，或用一个单句表达原文中的一个复合句，从而使译文逻辑更加清晰、内容更加紧密。合译法通常用于句式较短的情况，主要以限制性定语从句为主。

例如：

Although the size of the task waiting to be carried out is daunting and there are many hurdles to be overcome, it would be wrong to end my address on a note of pessimism.Many countries have already made considerable progress in this regard.

尽管等待我们去完成的任务规模之大令人畏惧，尽管有许多障碍有待克服，但是以悲观的调子来结束我的发言是错误的，因为许多国家在此方面已经取得了长足的进步。

Our marketing director is going early to participate in the conference beforehand, and the rest of us will leave next Thursday to set up.The show opens on Friday.The exposition will last three days, so Sunday is closing.

我们市场部主任打算提前参加会议，其余的人下周四出发去布置。展览会周五开幕，持续三天，周日闭幕。

（四）分译法

分译法是指把一个由多个成分盘根错节组合起来的长句分译成若干个简洁、明了的短句，使表达尽量符合译入语的行文习惯和译入语读者的审美情趣。

例如：

Rich in glorious scenery, filled with prolific wildlife, and dotted with pretty villages, the Shannon Erne Waterway is the longest naviagle waterway in Europe, and is a paradise for nature lovers.Boating enthusiasts and those who prefer the quiet life.

香侬厄恩水路是欧洲最长的航道。它以其壮丽的风景、丰富的野生动植物和众多美丽的村庄成为大自然热爱者的天堂，喜欢划船和钟情宁静生活的人也定会爱上这条河流。

The real challenge is how to create systems with many components that can work together and change，merging the physical world with the digital world.

我们所面临的真正挑战是如何建立这样一些系统，它们虽由很多成分组成，但可互相兼容，交换使用，从而把物质世界与数字世界融为一体。

（五）调整法

根据英汉两种语言在句法文化方面的一些差异，在翻译过程中往往需要根据实际情况在语序上做一些调整。

1. 根据搭配的需要进行调整

英译汉时，有时原句各成分之间搭配贴切自然，但将其原封不动地译成汉语后，则可能出现搭配不当的情况。因此，在翻译时调整相关成分在译句中的位置，使译句符合汉语的表达习惯，读起来通顺流畅。

例如：

What is surely and identifiably unique about the human species is not its possession of certain faculties or physical characteristics，but what it has done with them-its achievement or history in fact.

可以肯定而且一致确认的是，人类的独特之处不在于它拥有某些官能或生理特征，而在于它用这些官能和特征做了些什么，即它的成就，实际上也就是它的历史。

上述英文原句中，"surely and identifiably" 置于 "unique" 之前，但实际上是修饰整个句子。汉语中词与词之间的修饰关系也很复杂，汉译英时有必要先理清句中各词语之间的关系。

例如：

他有个女儿，在北京工作，已经打电话过去了，听说明天就能回来。

He has a daughter，who works in Beijing.Someone has phoned her and it is said that she will be back tomorrow.

2. 根据信息重心进行调整

句子通常由已知信息和新信息构成，句子的信息重心通常由新信息构成，即信息发出者想要信息接收者了解的信息。英汉两种语言有各自表示信息重心的特殊手段。英语常用强调句型，如 not（that）...but（that）..., it is/was...that... 等，汉语也通常使用诸如"不是……而是……""之所以……是因为……"这样的句型来强调重要信息。由于这类信息重心带有明显的结构标志，因此很容易辨认，翻译时也比较容易处理。

除此之外，英汉两种语言还经常通过安排语序这一方法来标明信息重心。英汉两种语言在运用这一手段标明信息重心时存在一些差别。所以，英汉互译时一般需要对原句语序进行调整，把原句中的某个成分提前或置后，以突出句中的信息重心。

例如：

Everything-or nearly everything-that the Labour movement attempts to stop the Tories from doing Labour will be asked to support the Cabinet in doing.

现在工党试图阻止保守党做的一切——或者差不多一切，人们很快就将要求工党支持内阁去了。

In London I was born and in London I shall die.

我生于伦敦，也将死于伦敦。

Then，the prospects for China will be excellent.

有了这一条，中国就大有希望。

（六）重组法

所谓重组法，是指打乱原文顺序，将原句分成若干小的语言单位，再按照译入语的表达习惯重新组织和排列句子语序的翻译方法。重组法的优点在于完全摆脱原句句子结构的束缚，因此比较容易做到译文的行文流畅，但其不足之处是容易产生漏译现象，在翻译时一定要注意。

例如：

In reality，the lines of division between sciences are becoming blurred，and science is again approaching the "unity" that it had two centuries ago-although the accumulated knowledge is enormously greater now，and no one person can hope to comprehend more than a fraction of it.

原句按照顺序分析有以下几层意思。

第一，科学之间的界限变得模糊。

第二，科学重又接近"大同"局面。

第三，这种"大同"局面在两个世纪前就曾存在过。

第四，现在科学积累的知识比两个世纪前多多了。

第五，没有人能指望在科学的领域里"隔行不隔山"。

翻译时可打破原句的结构顺序，在保持原句含义完整的前提下，按照汉语的语言组织习惯进行翻译。下面是使用重组法译出的译文：

两个世纪前，科学处于一种"大同"的状态中。而如今，虽然总体上科学所包含的知识比以前丰富得多，而且任何人在各科学领域里都不可能做到"隔行不隔山"，但事实上，科学之间的界限竟也逐步模糊化，科学似乎重又趋向两个世纪前的"大同"。

（七）综合法

实际上，在翻译一个英语长句时，并不只是单纯地使用一种翻译方法，而是要综合使用多种翻译方法，或按照时间的先后，或按照逻辑顺序，顺逆结合，主次分明地对全句进行综合处理，以便将英语原文翻译成自然、通顺、忠实的汉语句子。

例如：

The phenomenon describes the way in which light physically scatters when it passes through particles in the earth's atmosphere that are 1/10 in diameter of the color of the light.

这种现象说明了光线通过地球大气微粒时的物理散射方式。大气微粒的直径为有色光直径的十分之一。

该句可以分解为四个部分，第一部分是"The phenomenon describes the way"，第二部分是"in which light physically scatters"，第三部分是"when it passes through particles in the earth's atmosphere"，第四部分是"that are 1/10 in diameter of the color of the light"。其中，第一、二和三、四部分之间是修饰与被修饰的关系。总体考虑之后，我们可用综合法来处理这个句子，即合译第一、二和第三部分，第四部分用分译法，这样译句就符合汉语的表达习惯了。

第四章 当代英汉语篇文化的对比与翻译

第一节 英汉语篇文化的对比

语篇是语言的使用,是更为广泛的社会实践,从翻译角度来看,语篇是将这些语义予以连贯,理解和解读这些具有句际联系的语句。下面首先对语篇的内涵与认知要素有一个简要的了解,在此基础上分析英汉语篇文化的对比。

一、语篇的内涵与认知要素

(一)语篇的内涵

虽然不少语言学者在语篇语言学研究中投入了大量的心血,然而在语篇语言学中依然存在着难以明确的内容,如语篇的定义问题。语篇往往被认为是由一系列的句子与话段构成的。它的形式也是多样的,可以是对话、独白,也可以是一些人的谈话;可以是文章,也可以是讲话;可以是一个文字标志,也可以是一篇小说或者诗歌。很多语言学家都对语篇进行了界定,下面来看几位著名学者的观点。

博格兰特认为,语篇是一种"交际事例",是用来传达信息的工具。同时,他还定义了七条语篇标准,即连贯、衔接、可接受、有目的、含情景、含信息、互文性。

库特哈德认为,语篇只涉及书面语言,而将口头语排除在外。

威尔斯认为,语篇是语言交际的一种呈现形式。

韩礼德认为,语篇是具有功能的语言,如发出指令、传递信息或情感等,这种定义方法比较简单。

威多森认为,语篇就是句群的使用。它将语篇与句群等同。

胡壮麟从广义的层面定义了"语篇"一词,他认为语篇既包含语篇文本,也包含话语。也就是说，既包括书面语言，也包含口头语言。由以上定义可知，语篇包含的内容非常广泛，并且形式多样。因此，对语篇进行界定并不容易。下面，我们从功能与结构的角度来界定"语篇"。

1. 从功能上说

语篇主要是为了交际使用，在交际的过程中，语言的意义往往依靠语境。不同的语境其语言单位的意义也会不同。

2. 从结构上说

语篇是比句子范围要大的语言单位。在语言学上，语言的各个成分的排序从小到大是词素、词、词组、短语、分句、小句、句子、语篇。可见，语篇的范畴要广泛得多。

（二）语篇的认知要素

格雷泽等语篇心理学家们认为，把复杂的模型建立在普通认知理论上是十分必要的。正如凡·戴依克所说，"认知分析是指对那些可以用认知概念如各种心理表征来阐释语篇属性的分析。"

一般来说，语篇理解通常涉及以下语篇认知要素。

1. 知识网络结构

知识以节点的网络形式表征出来。知识网络中节点呈扩散激活状态。一旦网络中一个节点被激活，之后便被扩散到邻近节点，再从邻近节点扩散到邻近节点的邻近节点，依此类推。如果读者没有存储与语篇内容相关的知识，就会导致理解困难。

2. 记忆存储

语篇理解是一个记忆加工的过程。语篇理解的重要信息在工作记忆中呈循环状态。

3. 语篇焦点

意识和注意焦点集中在语篇表征中一个或两个节点上。

4. 共鸣

当存储在语篇焦点、工作记忆中的内容与文本表达的内容或长时记忆内容高度匹配时，便会形成共鸣。

5. 节点的激活、抑制和消除

理解句子时，语篇结构和长时记忆中节点被激活、加强、抑制和消除。一般来说，熟识程度高的词汇比熟识程度低的词汇加工速度快。

6. 主题

主题是指语言使用者赋予或从语篇中推导出来的整体意义，不同的读者对主题具有不同的理解。

7. 连贯

语篇连贯不仅仅是指语篇全局连贯，也指语篇的局部连贯。连贯是指序列命题之间的意义关系。连贯通常包括两种：一种是指连贯或外延连贯，即语篇涉及事件的心理模型；另一种是内涵连贯，即基于意义、命题及其关系的连贯。

8. 隐含意义

隐含意义指从语篇中的词、短语、小句或句子实际表达的意义推导出来的命题。可见，隐含意义离不开推理。

9. 词汇的言外之意

言外之意是读者根据自己的文化、知识赋予一定词汇的评价和看法，有利于激活读者或译者的审美观点与社会知识。

10. 读者目的

读者持有不同目的时，其会对语篇的理解和记忆带来不同影响。

二、英汉语篇文化的对比

（一）衔接手段对比

1. 英语语篇的衔接手段

英语语篇强调结构的完整性，句子多有形态变化，并借助丰富的衔接手段，使句子成分之间、句与句之间，甚至是段落与段落之间的时间和空间逻辑框架趋于严密。形合手段的缺失会直接影响语义的表达和连贯。因此，英语语篇多呈现为"葡萄型"，即主干结构较短，外围或扩展成分可构成叠床架屋式的繁杂句式。此外，英语语篇中句子的主干或主谓结构是描述的焦点，主句中核心的谓语动词是信息的焦点，其他动词依次降级。

具体来说，英语中的衔接手段主要包括两种。

（1）形态变化

形态变化是指词语本身所发生的词形变化，包括构形变化和构词变化。构形变化既包括词语在构句时发生的性、数、格、时态、语态等的形态变化，也包括非谓语动词等的种种形态变化。构词变化与词语的派生有关。

（2）形式词

形式词用于表示词、句、段落、语篇间的逻辑关系，主要是各种连接词、冠词、介词、副词和某些代词等。连接词既包括用来引导从句的关系代词、关系副词、连接副词、连接代词等，又包括一些并列连词，如 and，but，or，both...and...，either...or...，...not only...but also... 等。此外，还有一些具有连接功能的词，如 as well as，as much，more than，rather than，so that 等。

2. 汉语语篇的衔接手段

汉语语篇表达流畅、节奏均匀，以词汇为手段进行的衔接较少，过多的衔接手段会使行为梗塞，影响语篇意义的连贯性。汉语有独特的行文和表意规则，总体上更注重以意合手段来表达时空和语义上的逻辑关系，因此汉语中多流水句、词组或小句堆叠的结构。汉语语篇的行文规则灵活，多呈现为"竹节型"，句子以平面展开，按照自然的时间关系进行构句，断句频繁，且句式较短。

汉语并列结构中往往会省略并列连词，如"东西南北""中美关系"等。此外，汉语语篇句子之间的从属关系常常是隐性的，没有英语中的关系代词、关系副词、连接副词、连接代词等。

3. 英汉语篇衔接手段的具体差异

由于英语和汉语在词汇衔接手段上大致相同，但是在语法衔接上却有很多不同之处。因此，这里主要对英汉语法衔接手段进行对比。

（1）照应

当英语语篇需要对某个词语进行阐释时，如果很难从其本身入手，却可以从该词语所指找到答案，就可以说这个语篇中形成了一个照应关系。由此可见，照应从本质上看是一种语义关系。

照应关系在汉语语篇中也是大量存在的。需要注意的是，汉语中没有关系代词，而关系代词尤其是人称代词在英语中的使用频率要远高于汉语。因此，汉语语篇的人称代词在英语中常用关系代词来表示。

（2）连接

除照应与省略之外，英汉语篇的另一个重要衔接手段就是连接。一般来说，连接关系是借助连接词或副词、词组等实现的，且连接成分的含义通常较为明确。连接不仅有利于读者通过上下文来预测语义，还可更快速、更准确地理解句子之间的语义联系。英汉语篇在连接方面的差异主要表现在以下两点。

第一，英语连接词具有显性特征，汉语连接词具有隐性特征。

第二，英语的平行结构常用连接词来连接，而汉语中的衔接关系常通过对偶、排比等来实现。

（3）省略

将语言结构中的某个不必要的部分省去不提的现象就是省略。由于英语的语法结构比较严格，省略作为一种形态或形式上的标记并不会引起歧义，因此省略在英语中的使用远高于汉语。

例如：

每个人都对他所属的社会负有责任，通过社会对人类负有责任。

Everybody has a responsibility to the society of which he is a part and through this to mankind.

需要注意的是，在省略成分方面，英汉语篇也存在明显区别。具体来说，英语中的主语通常不予省略，而汉语语篇中的主语在出现一次后，后续出现的均可省略，这是因为与英语主语相比，汉语主语的承接力、控制力更强。

（二）段落结构对比

1. 英语语篇的段落结构

英语语篇的段落通常只有一个中心话题，每个句子都围绕这个中心思想展开论述，并且在段落中往往先陈述中心思想，而后分点论述，解释说明的同时为下文做铺垫；段落中的语句句义连贯，逻辑性较强。

2. 汉语语篇的段落结构

汉语语篇的段落结构呈现为"竹节型"，句子与句子之间没有明显的标记，分段并不严格，有很大的随意性，段落的长度也较短。

（三）段落模式对比

语篇段落的组织模式实际上说的是段落的框架，即以段落的内容与形式作为基点，对段落进行划分的方法。语篇段落组织模式是对语言交际的一种限制，对于语篇的翻译而言至关重要。对于英汉两种语篇，其段落组织模式存在相似的地方，即都使用主张—反主张模式、叙事模式、匹配比较模式等，但是二者也存在着差异。

1. 英语语篇的段落组织模式

英语语篇的段落组织模式主要包含五种，除了主张—反主张模式、叙事模式、匹配比较模式，还包含概括—具体模式与问题—解决模式，这两大模式与汉语语篇组织模式不同，因此这里重点探讨这两大模式。

(1) 概括—具体模式

该模式是英语中最具有代表性的常见模式，又被称为"一般—特殊模式"。这一模式在文学著作、社会科学、自然科学语篇中是较为常见的。著名学者麦卡锡将这一模式的宏观结构划分为有如下两种。

第一种：

概括与陈述 → 具体陈述 1 → 具体陈述 2 → 具体陈述 3 → 具体陈述 4 →……

第二种：

概括与陈述→具体陈述→更具体陈述→更具体陈述→……→概括与陈述

(2) 问题—解决模式

该模式的基本程序主要包含以下五点。

第一点：说明情景。

第二点：出现问题。

第三点：针对问题给出相应的反应。

第四点：提出解决问题的具体办法。

第五点：对问题进行详细评价。

但是，这五大基本程序并不是固定不变的，其顺序往往会随机加以变动。这一模式常见于新闻语篇、试验报告、科学论文中。

2. 汉语语篇的段落组织模式

与英语语篇的段落组织模式相比，汉语语篇主要有以下两点特色。

(1) 一般来说，汉语语篇段落的重心位置与焦点多位于句首，但这也不是固定的，往往具有流动性与灵活性。

例如：

你将需要时间，懒洋洋地躺在沙滩上，在水中嬉戏。你需要时间来享受这样的时刻：傍晚时分，静静地坐在海港边上，欣赏游艇快速滑过的亮丽风景。以你自己的节奏陶醉在百慕大的美景之中，时不时地停下来与岛上的居民聊天，这才是真正有意义的事情。

在上述这则语篇中，其重心位置与焦点出现在段尾，即"真正有意义的事情"，这则语篇清晰地体现了汉语段落组织焦点的灵活性。

(2) 汉语语篇的段落组织重心和焦点有时候会很模糊，并没有在段落中体现出来，甚至有时候不存在重心句和焦点句。

例如：

坎农山公园是伯明翰主要的公园之一，并已经被授予"绿旗"称号。它美丽的花圃、湖泊、池塘和千奇百怪的树木则是这个荣誉的最好证明。在这个公园，您有足够的机会来练习网球、保龄球和高尔夫球；野生动植物爱好者可以沿着里河的人行道和自行车道游览。

第二节 英汉语篇文化的翻译

语篇的翻译应以词和句子的翻译为基础，注重语篇的连贯性，语篇段内的连贯性、段与段之间的连贯性以及语篇语域等。在语篇翻译的过程中，翻译语篇的整体性首先需要译者从宏观上把握全文，采取一定的翻译技巧，然后再开始逐字逐句的翻译。在此过程中，译者的任务主要包括三个：造句、成篇、选择用词和用语。在这三个任务中，最关键的是造句，因为句子是语篇翻译中的关键因素，只有将每一句话都翻译准确，才能将整篇内容联系到一起。此外，选择用词和用语贯穿翻译的整个过程。

一、英汉语篇翻译的任务

（一）制订宏观翻译策略

在一定程度上可以认为，译者翻译的过程与作者创造的过程是类似的，在开始动笔翻译之前，译者需要有一个情绪上的"酝酿"。这种酝酿其实指的就是宏观翻译策略的制定。大致而言，译者在制订宏观翻译策略时需要重点考虑以下内容。

第一，文体选择。语篇所包含的文体种类是很多的，如小说、诗歌、散文等，译者在文体选择方面受制于原文的文体，也就是说原文采用的是哪种文体，译文一般也会采用这类文体，不可擅自更换。例如，将一首英文诗歌翻译成汉语，译者就需要首先确定诗歌的文体形式。

第二，选择译文的语言。众所周知，英汉双方对应的语言分别是汉语与英语，但这两种语言又可以有很多种下属分类，如汉语中又包括方言、普通话，从时间上还可以分为现代文与古代文，这些因素都是译者在动笔翻译之前需要考虑的。

第三，取舍篇章内容。这里暂且不考虑舍去篇章中某部分内容中所缺失的文化审美价值，但这种翻译方法确实是存在的。在某些特殊的情况下，如客户要求译者仅翻译一部作品中的部分内容。

（二）造句

在翻译语篇的过程中，译者对原文的处理大致可分为以下两种类型。

第一种，以句子为划分单位的译者。以句子为划分单位的译者具有强烈的宏观、整体意识，十分注重作品整体意象的有效传达，甚至在有些时候还会牺牲一些词语与短语，以此保证整个句子能够表达顺畅、传神。这类译者之所以能够以句子作为划分单位，是因为他们在前期审美整合的过程中做出了非常大的努力。在审美整合的前期，原作品中的信息处于一种有机、系统、活跃的状态中，当进入审美再现的环节后，这些信息就可以随时随地地被激活，在这种状态下译者就可以统筹全局、运筹帷幄，从整体上做出合理安排。

第二种，以字、词为划分单位的译者。以字、词为划分单位的译者往往会逐词逐字地翻译，然后将翻译出来的内容堆砌到一起组成句子，通过这种方法译出的句子读起来往往十分拗口，带有强烈的翻译腔，所组合成的句子也不够和谐，自然更不用去考虑其所带来的审美价值了。对于这类译者，除了他所使用的翻译方法不当之外，更大的原因在于其并没有深入去思考与把握文章整体的审美取向。此时，译者从前期审美过程中所获取的信息处于一种无序的、零散的、杂乱的状态，译者自己的大脑中都没有从整体上形成审美信息，自然就不能从整体上传达语篇中的意象了。

通过分析上述两种处理原文的方法可知，第一种处理方法得出的译文整体效果要明显高于第二种，因而译者应该在语篇翻译的过程中尽量以句子为划分单位来解析原文。

（三）组合成章

当译者将原作中的所有句子都翻译出来之后就形成了一篇完整的译文。然而，即便将每一句话都翻译得非常完美，但译作从整体上来看不一定就是完美的。对于一篇刚完成的译作而言，译者还需要处理好整体与局部的关系。具体而言，译者需要处理好以下方面的问题。

第一，检查译作的连贯性。为了准确对原文进行翻译，译者有时候会调整原文中句子的表达顺序，如将前后两个句子的表达进行颠倒等，因而在译文成篇以后就非常有必要从整体上检查一下译作的连贯性，主要包括：译文句子与句子之间的连贯性；译文段落与段落之间的连贯性；译文中主句的意思是否被突出。

第二，检查译作的风格与原文是否一致。通常而言，译文的风格应该与原文保持一致。因此，在检查整篇译作连贯性的基础上，译者还需要查看译作的风格与原文是否是一致的。如果原作品是一种简洁明快的风格，但译文从整体上看起来臃肿呆滞，那么译者就需要对译文进行调整，删除冗余的词语、啰唆处，尽量保持译文的简洁与明快。

可见，在译作初步完成后，译者还需要经历一个调整、修改译文句子、字词等的过程。经过调整之后，译文不管是部分与部分之间还是整体与部分之间就会形成一个有机统一的整体，进而才能体现出语篇的整体美。

（四）选择用词与用语

如前所述，选择用词、用语贯穿整个翻译过程的始终，这里再次提出该问题主要是为了突出该环节的重要性。译者在造句、组合成章的过程中都会遇到选择用词、用语的问题，而想要选择出对的、传神的字词是非常不容易的一件事。我国著名文学家鲁迅先生就曾经说过这样一番话："我一向认为翻译比创作容易得多，因为翻译时不需要构想。然而当真正实践起来，往往会遇到难题，如遇到一个动词或者名词，创作过程中写不出这个词的时候可以回避，但翻译却不行，必须一直想，就如同在大脑中想要找到一个打开箱子的钥匙，但是没有。"

上述这段话其实表述的就是翻译过程中选择用词、用语的甘苦。对于译者而言，在选择用词、用语时通常需要注意以下方面：原作中起画龙点睛之用的用词、用语；原作中文化背景信息丰富的用词、用语；原作中具有丰富含义的用词、用语；原作中的用词、用语在目的语中找不到对应表达；原作中使用专有名词的地方。

在修改、润色初稿时，为了保证译文表达方面的贴切与完美，译者可以站在读者的角度来阅读译作，通过读者的思维对译作进行思考与解读，看译文阅读起来是否顺畅，是否会产生歧义，是否符合目的语读者的表达习惯等。

以上是对英汉语篇翻译的框架叙述，下面就来分析英汉语篇文化的翻译。

二、英汉语篇衔接与移情的翻译

（一）英汉语篇衔接的翻译

衔接，即上下文的连接，可以使表达更为流畅，语义更为连贯。衔接是否得当，其关系着能够被读者理解，能否让读者探究其主旨意义。因此，在具体的翻译实践中，译者应该首先把握整个语篇，然后运用恰当的衔接手段来将句子、段落等连接起来，从而构成一个完整的译语语篇。

在翻译过程中，译者需要深入把握语篇衔接手段上的对等。所谓语篇衔接手段的对等，具体指的是在源语语篇中出现的对整个语篇起连贯作用的衔接链中的所有衔接项目能在目的语语篇中很好地体现,从而在目的语中形成相似或相同的衔接链。假如每个衔接链都能在目的语语篇中出现,也就是说组织并反映语篇的"概念""人际"和"谋篇意义"这三种意义的衔接模式都应在译文中出现。

由于语篇的谋篇意义和语篇的组织意义等同,因而这里对谋篇衔接机制的翻译进行探讨,包括非结构衔接与结构衔接两大具体类型。

1. 解读结构衔接

结构衔接主要包括三个方面的衔接,即主位结构衔接、语气结构衔接以及物性结构衔接。具体而言,又分别涉及语篇三大类型的意义模式,即谋篇意义、人际意义以及概念意义。主位结构间的关系也是由语篇小句中的主位间关系和主位与述位间的交替和意义交互形成的,其中最主要的还是主位与主位间的关系。那么在翻译时,译者也应从考察主位同主位间的关系着手。

2. 解读非结构衔接

非结构衔接具体指的就是韩礼德和哈桑在其所著述的《英语衔接》一书中对五种衔接机制的总结。这五种衔接机制具体如下所述。

(1)指称。

(2)替代。

(3)省略。

(4)连词。

(5)词汇衔接。

指称和词汇衔接这两大衔接机制是组成衔接链最重要的手段,并且是主要的非结构性衔接机制。因此,在探讨与语篇衔接手段对等方面的问题时,通常应先对衔接链的翻译进行探讨。整个语篇的衔接链以及衔接链之间的关系构成语篇的主题意义。那么,在对反映主题的衔接链进行翻译时,翻译工作者应对翻译所采取的策略慎重考虑,以目的语的组织方式为前提,应尽可能地保留源语语篇的主题衔接链。

(二)英汉语篇移情的翻译

语篇艺术价值再现的关键在于"移情",即艺术家基于自然景物之美而兴起的情感在作品中的体现,并由此激发读者和译者的情感。译者只有进入自己的角色才能身临其境,进而感同身受。语篇移情的翻译技巧指的是把握整个语篇翻译过程中的内涵与神韵,确保原文与译文在风格、语气、形式上尽量保持一致,从而使译文读者能够产生与原文读者同样的美感。

1. 原作的结构与作者的写作心理

对于原作在审美上的结构以及作者在写作过程中的审美心理,译者在翻译过程中应该实现最大限度的顺应,充分尊重原作的结构与作者的写作心理。

例如:

久闻先生高卧隆中,自比管、乐。

People say you compare yourself with those two famous men of talent, Kuan Chung and Yol.

上例原文中的"高卧"是"隐居"的意思,在这里译者竟然略去不译。这种做法造成的原作文化内涵和审美价值的缺损是无法弥补的。

2. 目的语读者的阅读心理与标准

目的语读者的阅读心理与标准同样对译作艺术价值再现产生了一定的影响,不过其影响的大小要视情况而定。通常而言,译者在翻译时心中都存在假定的读者群,译文审美需要考虑该读者群的审美心理与标准。例如,我国著名翻译家傅东华在翻译《飘》时就对原文进行了删减,他认为文章中一些冗长的心理描写与分析跟情节发展关系不大,且阅读起来还会令读者产生厌倦,因而将这部分内容删除了。可见,他就是在充分考虑读者阅读心理的基础上对原文进行了有效处理。

3. 译者自身的主观动机与标准

译者自身所具有的主观因素必然会影响到译作艺术价值再现的效果。

例如:

黄河远上白云间,一片孤城万仞山。羌笛何须怨杨柳,春风不度玉门关。

Where a yellow river climbs to the white clouds,

Near the one city wall among ten-thousand-feet mountains.

A tartar under the willow is lamenting on his flute,

That spring never blows, him through the Jade pass.

原文写的是塞外苦寒,并且隐含着无限的乡思离情,但译文却表现出一位羁旅在外而无法归家的人在柳树下吹笛惋惜自己的命运,不难看出译文改变了原文蕴含的情感色彩,加入了译者自己的主观判断,因此不能说是成功的译文。

上述三个因素影响着审美再现的效果,译者需要尽力协调好这三者之间的关系,找到最佳契合点,从而最大限度地再现原作的艺术美。

三、英汉语篇语境的翻译

要想能够对语言结构所传达的意义进行准确的理解和掌握，就必须对情景语境有一个准确的理解。情景语境具体体现着社会文化，并且是社会文化的现实化。韩礼德将情景语境视为一个由语场、语旨和语式这三个变量组成的概念框架。情景语境对翻译有重要影响。

（一）通过语境确定词义

情景语境有助于确定词汇的意义，排除语篇语言中的多义词现象。众所周知，自然语言中很多词都存在着一词多义的现象。例如，《现代汉语词典》对"上面"这个词就有以下六种解释。

第一，位置较高的地方。

第二，词序靠前的部分。

第三，物体的表面。

第四，方面。

第五，上级。

第六，家族中上一辈。

因此，在不同的情景语境中，"上面"这一词就可以体现出几种不同的意义。这不仅仅是在汉语语言中，在英语中也存在很多这样的情况。例如，在《新英汉词典》中，"set"一词就列出了61个解释意义。要想对这些词有确切的解释，就必须要放在特定的情景语境中。

当词脱离语境，其意义就会变得模糊；当句子脱离固定的情景语境，其表达的意义就会很难确定。例如，语言学家乔姆斯基曾经举过这样一个例子来说明句子的歧义性，即"They are flying planes."这句话可以被翻译成"它们是在飞的飞机"或"他们正在驾驶飞机"。如果将这个句子放在特定的语境中，就不会出现这两种不同的翻译结果。假设发话人是一个飞行员，那么这句话必然被翻译成"他们正在驾驶飞机"；假设这个句子的主题是飞机，那么这个句子必然被译成"它们是正在飞的飞机"。

（二）利用语境补充省略成分

之前已经提到，语篇特征中的连贯包含省略的部分，而这一省略的前提就是情境语境在发挥作用。上面的省略是为了避免重复，将主要信息凸显出来，使文章更加连贯。但有时候省略的部分往往不能被读者理解，因此这就需要将该其置于整个语篇的情境语境中。

例如：

I have many interests to keep me from being bored, but playing football and collecting stamps are the ones that I enjoy most.

我有很多兴趣可以让我不觉得无聊，但是踢足球和集邮是我最喜欢的兴趣。

该例中，"ones"相当于"interests"，这是名词性省略，如果没有上文，读者就很难猜出其的意义，当然也无法进行翻译。

（三）通过语境把握句子语法结构

在语篇翻译中，要想对一个句子的语法结构意义有一个明确的理解，首先就应该从情景语境入手。

例如：

All this intense activity in both directions has helped to establish close and warm links between our two countries, and we are now talking to each other like the old friends we have become.

在两个方向上所有的这些激烈活动都有助于我们两国建立亲密、友好的关系，现在我们成了朋友，就更无所不谈了。

在对原语篇进行翻译时，译者将"we are now talking to each other likc the old friends we have becom"e 翻译成"我们现在交谈就如老朋友一样了"，这明显没有对上下文进行明确的分析，直接将 like 翻译成"像……一样"，同时又将"we have become"所代表的意思省略掉了，这样的翻译虽然看似符合逻辑，但是并没有将原文的实际意义传达出来。通过上文得知，我国已经建立了友好的关系，并成为友好的朋友，因此"like"一词的意思应该是"具有……的特点"。

四、英汉语篇语域的翻译

所谓语篇的语域，即语篇具体使用的场合、领域。语篇类型不同，所具有的功能就不同，自然所使用的领域也是不同的。通常而言，科技语篇具有很强的准确性、专业性；文学语篇在整体上往往传达出艺术性、美感；广告语篇则具有很强的说服力、号召性。可见，译者在翻译语篇的过程中必须要有整体观念和意识，尤其要关注语篇的语域方面，基于语篇语域角度来还原原文的特点、功能、信息，从而实现译文与原文同样形神兼备。

下面将结合医学、科技和旅游语篇的语域加以简单分析。

（一）医学语篇的翻译

语篇翻译是指以语篇为准进行的翻译操作。在翻译过程中，译者需要将自己的视野从词语、句子、段落扩展到篇章。篇章是翻译操作的最终决策层级。一般而言,译者在翻译医学语篇时需要遵循以下步骤。

首先,理解原文。对原文进行宏观分析,在通读原文的基础上把握语篇的主题,然后分析语篇的文体类型、语言风格等。在此基础上,译者需要对语篇中的各个段落进行分析,准确把握段落的推进层次。此外,还需要从微观上展开分析,主要是对一些疑难句子、词语的理解。

其次,反复推敲。熟知不同文体的行文特点,了解英汉两种语言的结构区别,尽量保证译文的表达符合汉语的日常用语习惯。

医学语篇包括医学综述、药品说明、病例报告、学术论文等,这些文体中药品说明是与人们的日常生活最密切相关的一项。因此,这里重点针对药品说明书的翻译展开分析。所谓药品说明书,即附在一种药品包装中的一份用药说明,是指导医生与患者合理用药的重要依据。为了顺利翻译药品说明书,译者除了需要具备较好的英语基础知识外,还需要掌握相关的专业知识,如化学、药理学、医学、药剂学等,同时也要了解英语药品说明书的结构。

译者在翻译药品说明书时需要遵循的首要原则就是准确,在翻译实践中,含有很多医学专门用语以及数量单位,这些都是译者需要高度重视的地方。例如,"玄参、生地、麦冬、桔梗、胖大海、板蓝根、藏青果"等中药名称以及"药物缓慢释放,通过咽喉黏膜溶解吸收"等专业表达方式,只有对这些词语进行准确翻译,才能有效传达该药品的真正用途,从而有利于消费者购买和使用。

(二)科技语篇的翻译

科技语篇中的词汇包含单义词、通用词和多义词,翻译时需要特别注意每一类词语在特定学科的词义。单义词汇由于其使用的频率相对较低,仅用于某一特定的学科,词义相对单一,所以在翻译成汉语后比较容易实现前后词义的一致性。而对于多义词汇和通用科技词汇翻译的前后一致性,尤其需要译者的重视,以避免造成概念的混淆。

1. 术语翻译的一致性

科技语篇中,对于多义科技英语词汇,由于学科领域不同,往往会有完全不同的词义,翻译过程中需要准确定义术语,确保术语一旦译出,必须保持前后一致,不可随意更改,以免因语篇中概念混乱而阻碍读者理解。

2. 词语翻译的一致性

除了术语的前后一致外,通用科技英语词汇在各种不同学科中的词义基本相同或相似,翻译成汉语时要尽力确保同一语篇内通用科技词汇的一致性。

3. 指代翻译的一致性

为了避免同一词语的重复，英语语篇中往往会采用代词替代上文中已经出现过的名词或动词。对于语篇中代词的翻译，为了保证译文内容的清晰无误，常常可以采用还原法翻译。有时，如果语义比较清晰，也可以将代词直译。

（三）旅游语篇的翻译

1. 语言要简洁质朴

旅游语篇的翻译应使用准确、朴实、简洁的文字，以便读者阅读和理解。此外，为提升文本的准确性和专业性，还应适应一些专有名词或科学术语。

2. 内容要客观真实

由于旅游景点说明主要介绍景点的基本情况，所以其在翻译过程中既不需要抒情，也不需要议论，更不用夸张。

3. 逻辑顺序要清晰

旅游语篇的作用不仅仅是向游客介绍旅游景点的基本情况，还指示游客完成旅游。因此，旅游语篇的翻译要具有逻辑性，即逻辑严密且具有层次，能使读者一目了然。

五、英汉语篇其他层面的翻译

（一）维护语篇空白

在英汉语篇中往往含有很多"空白"之处，这种不完整可以很好地体现出一定的艺术美。在中国古代画论中，这种空白被称为"象外之象"，在诗文中被称为"无言之境"，在音乐中则被称为"弦外之音"。简言之，语篇中的空白之处是大有学问的，这不仅不是其缺点，反而是其优势与独特之处。

读者在阅读语篇的过程中并不是处于被动地位，他们可以充分发挥自己的主观能动性，对原作中空白之处进行补充，也正是这种补充、想象的过程让读者体验到了审美的快乐。因此，译者在翻译语篇的过程中对于这种空白之处要尽量去维护，不能对这些地方进行过分补充，因为这些空白通常是原文作者精心设计出来的，译者有义务对其进行维护与保持。

例如：

沧海月明珠有泪，蓝田日暖玉生烟。

译文一：Tears that are pearls, in ocean moonlight streaming: Jade mists the sun distils from Sapphire Sward.

译文二：The moon is full on the vast sea, a tear on the pearl.On Blue Mountain the sun warms, a smoke issues from the jade.

译文三：Moonlight in the blue sea, shedding tears, in the warm sun the jade in blue fields engendering smoke.

该例原文出自李商隐《锦瑟》一诗中，本身含有很强的朦胧美。通过分析上述三个译文可以看出：译文一中表达的是"泪就是珠，珠就是泪"；译文二中表达是"一颗珠上一滴泪"；译文三中表达的是"明珠洒泪"。

这些翻译带有译者很强烈的主观观念，体现出译者武断地对原文进行了判断，丝毫不能体现出原文中的朦胧美，这对于语篇的翻译而言其实是不可取的。事实上，译者可不要将译文表达得太实在，留下一点迷离感让目的语读者自己去体会。

由上可知，译者在翻译语篇的过程中必须从"补充空白"的身份转换到"维护空白"的身份。如果译者对原文中的空白过分的补充，那么原作中的艺术美就会被严重损坏。另外，从读者的角度来看，译者对空白的过分补充反映了他对读者审美能力的不信任。也就是说，译者应该将原作中的空白之处留给读者，让目的语读者自己发挥想象力来补充，进而体验语篇中的审美快感。

（二）省略并列连词

英语中的"and"是一种常规的形合衔接词汇，在行为规则上具有强制性，不可省略。但是，汉语更倾向于用意合手段表示并列关系，常常省略 and，因此在对英语语篇进行汉译时要注意 and 的省略。以一个简单的句子为例。

Martin limped across the yard and into the sheltering darkness.

马丁一瘸一拐地穿过庭院，躲到了阴影里。

（三）巧妙处理复杂内容

不管是中国的语篇还是西方的语篇，本身都具有丰富的文化背景知识与艺术信息，在翻译过程中译者难免会遇到一些由于历史、社会、文化等差异因素而导致的翻译障碍，再加上现实社会生活、人类思想情感等复杂因素，译者有时候还会遇到一些自己都难以理解的内容。这些复杂的内容通常是一个民族独特文化的反映，并且在一定程度上可以体现出作者自身感受生活的深度。从翻译角度而言，复杂内容虽然是翻译过程中的障碍，但也可体现出译者一定的自主性。只有语篇中蕴含丰富的情感与价值意义，所翻译出的作品才能引起目的语读者的情感共鸣，进而产生审美体验。

然而，有些译者为了快速完成译作，对于语篇中的复杂内容往往进行简单化处理，在他们看来，这样做有两个益处：第一，避免了文化差异所带来的可译性问题；第二，考虑到目的语读者的文化背景与接受能力，进行简化处理便于他们有效接受。但不得不说的是，对复杂内容简化处理甚至略去不译就会使原作中的审美价值与文化内涵大打折扣。

在处理复杂内容时，译者最好能为读者留下一些难题，让读者通过自己的心理体验来处理这些难题，因为在一定程度上可以认为审美的快乐就是在这种过程中才得以感受的。这种处理方式不仅是对原文负责，也是对目的语读者负责。

（四）活译转折关系

英语中表示转折关系的衔接词 but 对语篇意义的表达十分重要，但汉语中的转折关系有时也可表述为意合方式，在形式选择上具有一定的自由性。因此，译者在翻译时需要灵活把握。

例如：

We have bigger houses and smaller families, more conveniences but less time.

We have more degrees, but less common sense, more knowledge, but less judgment.

We have more experts, but more problems, more medicines, but less wellness.

译文一：

我们住房更大而家庭更小，设施更多但时间更少。

我们学位更多却常识更少，知识更多而判断更少。

我们专家越多而问题越繁，药物更多而健康越少。

译文二：

我们住房越大，家庭越小。设施越多，时间越少。

我们学位越多，常识越少。知识越多，判断越少。

我们专家越多，问题越繁。药物越多，健康越少。

译文一为形合，转折关系一目了然，译文二为意合，逻辑关系同样清晰明了。

（五）恰当传达原作感情

每一则语篇中都或多或少含有作者自身的影子，其中体现出作者所处的时代、历史文化背景，而且还会体现出作者自己的价值取向、兴趣、情感等，这些在无形中都会从作者所塑造的艺术形象上体现出来。对于自己作品中的艺术形象，作者往往会表达出强烈的情感取向，或喜欢或厌恶、或同情或憎恨、或褒奖或贬低。对于译者而言，其在阅读一部语篇之前就已经具备一定的情感结构，因此在译者阅读语篇时就难免会做出一些带有自己主观情感上的评价，在一定程度上损坏了原文作者的情感体现。

例如：

纵然生得好皮囊，腹内原来草莽。

（曹雪芹《红楼梦》第三回）

Though outwardly a handsome sausage skin, He proved to have but sorry meat with.

（霍克斯 译）

该例出自《红楼梦》第三回中的一首词《西江月》，这首词表面上看是对宝玉的贬低，但事实上反映了宝玉离经叛道、愤世嫉俗的性格。"皮囊"指的是人的长相，"草莽"指的是杂草丛生的荒野。但霍克斯的译文给读者的感受是"外面是英俊的香肠样的皮肤，但不幸的是里面却是肉"。这种翻译可以说已经将原文作者对作品中人物的情感体现完全扭曲了，译文中的宝玉已经与原文中的宝玉完全不一样了。这说明，译者在翻译再创造的过程中超过了"度"的范畴，取得了适得其反的效果。

第五章　当代英汉语用文化的对比与翻译

第一节　英汉语用文化的对比

对英汉语用文化进行对比指的是对语言使用过程中，由于语言形式不同而产生的不同的语用效果进行的对比。这种对比分析是英汉语用翻译的基础，能够提升译者对语用翻译的把握程度。

一、英汉语用对比概述

在对英汉语用文化进行对比研究前，首先应该明确相关概念。

（一）语用学概述

语用学，顾名思义，是指对语言交际中人们如何使用语言达成交际目的的研究学科。由于语用学研究范围较为宽泛，因此对其下一个准确严格的定义较为困难。

语用学一词，译自英语中的 pragmatics，其词源为希腊词根 pragmao。最早使用 pragmatics 的为美国的哲学家莫里斯（Morris），在其著作《符号理论基础》（*Foundations of the Theory of Signs*）中提出了这个术语。

语用学通过结合不同的社会、文化生活，研究不同的语言在交际实践中的语用逻辑，从而提高人们使用语言的科学度与应用度。

（二）语用对比概述

对不同的文化语言使用的不同方式的研究就是语用对比。学者利奇在其著作《语用学原理》（*Principles of Pragmatics*）中指出，"有的东方文化国家（如中国和日本）比西方国家更强调'谦虚准则'，英语国家则更强调'得体准则'和'讽刺准则'……当然，这些观察认为，作为人类交际的总的功能准则，这些原则多少是具有普遍性的，但其相对重要性在不同的文化、社会和语言环境中是各不相同的。"由上述学者的观点可以看出语用对比的重要性。

在社会、文化差异的影响下，英汉两种语言在表达形式和内涵意义上都有着巨大的不同，对二者进行语用文化的对比分析能够提升人们对语言的认识程度。随着世界经济、政治、文化的多元发展，不同国家之间的交流与合作日益增加。人们对翻译的需求也随着社会形势而与日俱增。从语用文化的角度进行翻译研究能够解释翻译中遇到的很多问题与矛盾，向人们提供一种新的翻译理论视角。

我国学者严明曾经指出："语用学是研究语言使用与理解的学问，即研究发话人利用语言和外部语境表达意义的过程，也研究听话人对发话人说出的话语的解码和推理过程，它研究的不是抽象的语言系统本身的意义，而是交际者在特定交际情景中传达的理解的意义以及理解和传达的过程。"由于翻译和语用学都涉及对语言表达与理解的研究，因此二者的结合是一种必然。

英汉语用文化对比主要是对语言形式和语言功能的对比，鉴于英汉语言形式的明显不同，下面主要从语用功能角度进行对比分析，并结合语言交际中经常遇到的礼貌言语和语用失误现象进行研究。

二、英汉语用功能对比

对于英汉语用功能的对比主要从语用语调、词汇语用、语法语用几个角度展开。

（一）语用语调对比

在语言交际过程中，语用语调对语用含义有着极其重要的影响，因而也是影响交际效果的重要因素之一。不同语言使用中，发话者可以通过不同的语调形式，如停顿、节奏、音长等，来表达不同的语用含义；受话者则可以通过对语调和语境的理解来分析发话人的交际意义。

英汉两种语言在语用语调方面存在很大的差异，下面具体从语调功能角度对二者进行对比分析。

1. 英语的语调功能

英语属于印欧语系，是一种拼音文字。在口头交际过程中，英语主要利用语调、重音、停顿等形式来表达具体的语用含义。其中，英语语调对交际有着重要的影响。一般来说，英语语调都伴随着说话人的个人感情色彩，是通过约定俗成的规律的语音系统进行的。在调控语调的过程中，一般需要利用语调组。所谓语调组，通常是由调头、调核、调尾三部分组成的。其中，调核对整个语调有着关键的影响作用，决定着语调的高低、长短、节奏等。

具体的语言交际过程，需要交际者根据不同的交际目的，选用不同的语调方式。英国语言学家韩礼德根据系统音系学的理论提出了英语语调的三个选择系统：进行语调组划分；确定重音的位置；选择核心语调。

下面分别从英语语调的不同方面进行语调功能分析。

（1）声调

英语声调主要有五种：降调、升调、降升调、升降调和平调。在交际中通过使用这些声调能够表达出不同的语用含义。即使对于同一个句子来说，由于语调的不同，其语用含义也会有所不同。

（2）重音

重音也是英语语调表达的重要方式，其通过强调不同的词汇或加强语气来改变具体的句子语用功能。

例如：

John kissed Mary.

就是约翰吻了玛丽。

John kissed Mary.

约翰是吻了玛丽。

John kissed Mary.

约翰吻的那个人是玛丽。

上文中加粗部分为重音强调词汇，通过重音表达，语句的含义发生了一定的变化。除了对词汇进行重音强调之外，英语中多使用词汇手段突出重音形式，进行不同的语用功能表达。

例如：

He came here this morning.

He did come here this morning.

对比上述两个例句，第二个例句通过增加"did"一词对"came"的动作进行了强调。

除了上述提及的两种重音强调形式，在英语中也可以通过改变句法结构来进行强调。

例如：

Peter can speak Chinese.

It is Peter who can speak Chinese.

It is Chinese that Peter can speak.

在上面的三个例句中，第一句为正常的陈述句，表达"比德会说中文"的含义。第二个句子，通过对"Peter"的强调，表达的是"就是比德会说中文"。第三句使用的是强调句型，强调的是"Chinese"，表达的是"比德会说的是中文"的含义。

（3）停顿

在英语语调中，还有一种重要的形式，那就是停顿。所谓停顿，指的是由于句子结构或出于表达意义的需要而稍作间歇的读音方法。英语中的停顿往往可以改变一个句子的意思。

例如：

Tom said//the teacher is a stupid donkey.

Tom//said the teacher//is a stupid donkey.

上述两个完全相同的句子形式，通过不同的停顿，能够表达出不同的语用含义。其中，第一个句子表达的含义是"汤姆说，老师是蠢驴"，第二句话的含义为"老师说，汤姆是蠢驴"。

2. 汉语的语调功能

在汉语中，主要有阴平、阳平、上声和去声四种基本调值。汉语的语调是其语言的重要特征之一，对语用功能有着关键的影响作用。除了基本的调值外，汉语也可以通过声调、重音和停顿来体现句子含义及其语用功能。

（1）声调

汉语中的声调主要有升调、降调、平调和曲折调四种。通过不同的声调，句子的语用功能会发生一定的变化。

例如：

上课铃响了，同学们都向各自的教室跑去。

这句话为平调，主要用来表达表述的功能。

这篇文章是他写的？

这句话为升调，主要用来表达惊异的功能。

你不觉得他今天很奇怪吗？

这句话为疑问句，是声调，表达反问。

这个电影真好看。

这句话为降调，表达一种感叹。

请你拿一下那本书。

这句话为降调，表示的是请求。

你面子真大，全校同学都会来参加你的晚会呢。

这句话为曲折掉，暗含讽刺之意。

汉语中还有很多语气词，如"啦""啊""嘛""啰""呀"等，来影响语用功能的发挥。

例如：

她昨天迟到了。（平调）

她昨天迟到了啦。（陈述）

她昨天迟到了？（升调）

她昨天迟到了吗？（询问）

她昨天迟到了！（降调）

她昨天迟到了啊！（抱怨）

（2）重音

汉语中也有通过重音来表达具体语用内涵的使用情况。一般来说，汉语中的重音主要包括语法重音和逻辑重音两种。

语法重音指的是说话人根据不同的语法结构来对某个词语进行强调的方式。

例如：

我说了，可他不听。

谓语重音，表示"我的确说了，可他不听"。

赶快走，否则来不及了。

状语重音，表示"真得赶快走，否则就来不及了"。

谁是今天的值日生？

疑问词重音，表示"究竟谁是今天的值日生？"

逻辑重音指的是说话人通过对比前后语言和人物来突出其中一方的读音方式。需要指出的是，逻辑重音对交际者对话语的理解有着重要的影响作用。

例如：

我知道你会来看我。

言外之意：其他人不知道你会来看我。

我知道你会来看我。

言外之意：你瞒不住我。

我知道你会来看我。

言外之意：我不知道别人会不会来，但你一定会来看我的。

我知道你会来看我。

言外之意：凭我们的关系，你怎么会不来看我呢？

我知道你会来看我。

言外之意：你来看的肯定是我。

（3）停顿

在汉语语调中，停顿的使用也会影响句子的语用功能。

例如：

老师看到我 // 笑了。

老师看到 // 我笑了。

对上述两个句子进行分析，虽然二者的语言结构相同，但是根据不同的停顿方式，其语言含义有着重要差异。其中第一句表示的是"老师笑了"，第二个句子表达的则是"我笑了"的含义。

（二）词汇语用对比

词汇语用指的是利用词汇变化来表达话语的语用功能。通过词汇语用的使用，交际双方都能了解话语的言外之意，从而促进交际的顺利进行。英汉两种语言中带有不同的语言使用规律，下面就对二者的词汇语用进行对比分析。

1. 词汇运用变化差异

在词汇语用变化方面，英汉两种语言带有很大不同。英语主要是通过屈折形态变化来表达不同的语用含义，而汉语则较多通过词汇手段，如虚词、语气词、助词等来表现语用功能。

例如，英语中的敬称主要是通过 your 加上具体需要敬称的词语构成，如 your majesty, your highness 等。而汉语中的敬称可以通过不同的词汇表示，如您的大作、贵子等。

2. 词汇运用原则差异

由于受到不同的社会背景、历史环境等因素的影响，不同的语言形成了不同的词汇系统，在词语的运用和选择上也带有很大的差异性。

例如，在打招呼方面，英语习惯通过问候天气，而汉语中则较多用"吃了吗？""干吗去？"等进行表达。受中西方传统思维形式的影响，西方人多为直线思维，表达过程中喜欢直接表达自身感受，并注重个人隐私与个人空间。中国人受儒家思想的影响，注重交际中的礼仪，在问候、称呼、称谓等方面都带有自身的特点。

（三）语法语用对比

英汉两种语言在语法语用方面也带有各自的特点，因此也会产生不同的语用功能。不同的语用功能可能会通过相似的句法形式传达，相同的语用功能也可能通过不同的句法形式传达。从这个意义上说，对于英汉语法语用进行研究十分有必要。

1. 不同句法形式带有相同的语用功能

在具体语言环境的作用下，交际者会根据不同的交际意图，选择使用不同的语言策略。在英汉两种语言中，存在不同的句法形式但是具有相同的语用功能的表达。

例如：

Close the door.

关门。

Someone's forgotten to close the door.

有人忘了关门。

Can you feel cold in this room?

在屋子里你感觉冷吗？

对上述三个例句进行分析，可以看出其有祈使句、陈述句和疑问句三种语言形式，但是其最终的语用功能都是用来表达命令。需要指出的一点是，在请求他人做事时，英汉两种表达带有差异性。通常英语中会使用间接的言语行为，而汉语则通常使用直接的言语行为。

例如：

Can you tell me where the post-office is?

劳驾，邮局怎么走？

2. 相同句法形式带有不同的语用功能

语用学主张联合不同的语言环境进行话语的理解。在具体的交际场景中，相同的句法形式也可能带有不同的语用功能。在英汉两种语言中，这一点都有所体现。

例如：

Lucy is coming.

露西来了。

这句话为普通的陈述句，但是放在具体的语境中，也可以表达一种建议或警告的语用功能。

Can you shut up now?

你能闭嘴吗？

这句话为一般疑问句，看似是疑问语气，但是在实际交际过程中，也能表达一种威胁的含义。

What time is it now?

现在几点了？

上述例句为特殊疑问句，用于平常的语境中可以表达询问时间之意。但是在特殊语境中也能表达出一种抱怨的语用含义。

英汉两种语言中都含有相同句法形式带有不同语用功能的现象，在具体的语言理解和翻译过程中应该进行具体区分。

3. 英汉其他语法手段的语用功能对比

除了上述提出的句法手段之外，在语言表述中还可以使用一些其他语法手段，如语态、时态、附加语等来表达不同的语用功能。英汉两种语言在这些语法手段上带有各自的差异性。例如，英语具有屈折形态形式，但是汉语中却没有。

（1）英汉否定语用功能对比

在英汉语言中，为了体现对交际者或谈论对象的尊重，经常会使用一些否定形式来表达过于直接的语用含义。

例如：

You are fat.

你很胖。

You are not thin.

你不瘦。

在上面两个例句中，第一句话的表述过于直接，很可能会影响交际者的情绪，从而造成一定的交际矛盾。而第二句通过恰当的否定形式，增加了语言表达的含蓄性，对受话者的影响较小，礼貌程度增加。

（2）英汉附加语的语用功能对比

在日常交际过程中，为了达到一定的交际目的，交际者会选择在句尾增加一定的附加语。例如，汉语中经常使用的"好吗？""可以吗？""行吗？"等，英语中经常出现的 please，if you don't mind 等。

三、英汉语用语言对比

所谓语用语言学，研究的主要内容是语言形式和语用功能之间的关系。英汉两种语言中语义相同、结构相似的短语或句子在不同的语境下可能会有不同的解释。例如，of course 在英汉语言中的语义是相同的，并且在汉语中该短语不含有贬义，但在英语对话中有时该短语含有认为问话者愚昧无知的含义。我们来看两个例句。

A：Would you like something to eat?

（你要吃点什么吗？）

B：Of course.

（怎么会不要呢？）（cf. 当然。）

A：Is there a party on Sunday evening?

（星期日晚上有个晚会吗？）

B：Of course.

（怎么会没呢？）（cf. 当然。）

虽然同一种语言行为可以用很多种语言形式来表达，但通常情况下这些语言形式是不可以相互替换的。也就是说，在一种语言中用来表达某一言语行为的最常用策略在另一种语言中就不一定同样适用了。例如，在汉语中，人们去商店买东西常用"给我一个……"这样的祈使句，但在英语中则经常会用"Can I have...please?"这样的消极礼貌策略来表达。

另外，同一种言语行为在不同文化中使用的范围也是不同的。例如，说英语的人在表示要求别人做事时用的动词特别多，这些动词不仅具有的特征不完全相同，而且表示的说话双方之间的权利关系也不同，被要求的一方或许是受益者或许不是。

与此不同的是，在汉语中表达同一言语行为的动词是非常有限的。就目前而言，跨文化语用语言学研究的内容多是与"礼貌"密切相关的言语行为，如道歉、拒绝、恭维、请求等。通常而言，言语行为的研究主要包括如下几个方面的内容。

第一，在不同文化中，同一种言语行为使用范围以及频率的差异。

第二，不同文化对言语行为理解上的差异。

第三，不同文化在表达同一种言语行为时所使用的语言形式上的差异。

第四，不同文化中，能用于表达同一种言语行为的不同语言形式中最常用形式的差异。

第五，在表达某一种言语行为时，常常与之相配合使用的言语策略，如缓和语、敬语、礼貌语等方面的差异。

下面我们以否定句的语用功能为例来具体进行说明。

1. 否定一个本身是否定 de 命题（-P）

在英语中，如果一个命题本身是否定形式，即话语内容是（-P），那么再对这一命题进行否定就是"确认"（confirmation）。

例如：

A：You are sure that I can't come with you.

B：(She shook her head.)

以上 B 没有用言语应答，但"摇头"这个身势语（body language）与 No

具有相同意义，即确认"I can't come with you."这个命题。再来看其他一些例子。

（1）A：She would not have believed it possible.

B：No，no，of course not.

（2）A：He would hardly be a friend of hers.

B：No，he wouldn't.

（3）A：He is not at all happy working here.

B：No，he isn't.

在例（3）中，B是确认"He is not at all happy working here."。

2. 肯定一个命题（−P）

而在汉语中，如果要"确认"一个命题（-P），往往直接用肯定方式来表达。

例如：

（1）A：她今天没来上班。

B：是。她感冒了。

（2）A：这一带没有图书馆。

B：是的，没有。

3. "否定"一个本身是否定的命题（−P）

在英语中，"否定"一个本身是否定的命题（-P），即"-（-P）"，此时两个否定相互抵消，意味着用肯定方式肯定相应的命题（P）。而在汉语中，如果要"否定"一个命题（-P），则往往直接用否定的方式来表达。

例如：

（1）A：You've not changed much，Peter.

B：Yes，I have.I've changed enormously.

A：皮特，你没有变多少。

B：不，我变了。我变多了。

（2）A：You don't like Italy food?

B：Oh，yes.I do! I do like it very much!

A：你不喜欢意大利菜？

B：噢，不，我喜欢，我确实喜欢意大利菜。

综上所述可知，从语用的角度出发，当要"确认"一个否定命题的时候，英语通常用否定方式，而汉语往往用肯定方式；相反地，当"否认"一个否定的命题时，也就是说对这个否定的命题表示异议时，英语用肯定方式来表达，而汉语用否定方式来表达。

（一）英汉社会语用对比

在任何社会中，支配间接言语行为的因素都是基本相同的，大致有如下几个方面的内容。

第一，社会距离。

第二，权力关系。

第三，要求大小。

第四，权利与义务。

在不同文化中，人们对于会话双方的角色以及与言语事件相关的会话双方的相对权利和义务的看法各不相同。例如，中国的教师可以对学生的衣服、发式提出批评，用强制的口气叫学生擦黑板，这些在中国人的眼里是再正常不过的状况了。但这些现象在英国人的眼里却是不可思议的。造成这一差异的原因，就在于中国与英国对师生所拥有的相对权利和义务有着完全不同的看法。

在上述这些因素中，"要求大小"的区别可以说是各种文化之间最大的。例如，在中国你可以用不十分间接的言语行为向熟悉或者不熟悉的人要香烟，你可以说："我今天出门太匆忙，烟忘记带了，给我一支如何？"这样的言语行为是无可厚非的。但在英国，由于香烟特别昂贵，即使是向好朋友要烟，也需要用间接的言语行为来表达。再如，美国的私家车非常多，如果你想跟邻居借车，可使用不十分间接的言语行为。但在中国，由于私家车非常少，如果你想向别人借车，就是"大事"，故需用非常间接的请求方式来表达。

需要提及的一点是，"要求大小"并不只是用于物质上，在其他方面也有同样的要求。例如，在中国问别人的体重是很正常的一件事，但在西方国家，除了医院里的医生可以问病人的体重外，这一信息只能通过非常迂回的方式才能了解。

对于中国人而言，"主动给人提供便利"和"向他人发出邀请"是出于关心和诚意，其目的是让对方受益。因此，在中国人的眼里不管对方是接受还是拒绝，这种言语行为总是被认为是礼貌的，甚至有时候还得强制让对方接受才更体现出他们的礼貌。但在西方人的眼里则完全是另外一回事，布朗（Brown）和莱文森（Levinson）把"主动给人提供便利"和"向他人发出邀请"归为威胁面子的言语行为。因为在他们看来，这种言语行为妨碍了听话者的自由。

在西方的许多国家，当"质量准则"和"礼貌原则"发生冲突时，人们往往遵循"质量原则"。而在东方的许多国家中，人们采取的方式往往与西方人正好相反。相关专家把人们在言语交际中影响达到完满交际效果的差错统称为语用失误（pragmatic failure）。一般而言，语用失误大体可以分为语用—语言方面的失误和社交—语用方面的失误两类。

1. 语用—语言方面的失误

这方面的失误，我们以英语为例来进行分析。其大致可分为两种情况。

（1）说话者所说的英语不符合英语本族人的语言习惯，误用了英语的其他表达方式。

（2）说话者不懂得英语的正确表达方式，把母语的语言习惯套入到英语的表达中去。

例如，一位外资企业的员工圆满地完成了一天的工作，他的经理对他的表现十分满意，于是对他说："Thanks a lot.That's a great help."这位员工马上回答了一句"Never mind."很显然，这位员工想表达的是"没关系""不用谢"之类的话，但却用了英语中的"Never mind."。而在英语中，这句话常用于当一方表示道歉，另一方表示不介意时回答的话，其含有"安慰"之意。由此可见，这位员工用错了表达方式，导致了语用—语言方面的失误。

2. 社交—语用方面的失误

社交—语用方面的失误主要是指交际中因不了解谈话双方所存在的文化背景差异，从而导致语言形式选择上的失误。这方面的失误与谈话双方的语域、身份、话题熟悉的程度等因素有关。例如，Thank you的汉语意思是谢谢，这是众所周知的，但在社交场合如何正确使用thank you是颇有学问的。当受到别人的祝贺时，操英语本族语的人往往会回答"Thank you"，而中国人则会说"惭愧，惭愧""过奖了，过奖了"一类的话来表达自己的谦虚，以示礼貌。但如果一个英国人对中国人表示祝贺，中国人不用thank you而套用汉语的客套话，如"I feel as hamed"来回答，显然就不得体了，这就造成了社交—语用方面的失误。

（二）英汉礼貌策略对比

1. 言语行为的礼貌

言语行为是语用的基本单位，在不同的文化环境中，同一言语行为的语言对象是存在差别的。下面我们就对几种基本的交际言语行为进行一个简单的英汉对比分析。

（1）问候

问候（greeting）是当今社会中人们维系和保持人际关系的一种润滑剂或调节剂。文化背景不同，所使用的问候语也是不同的。下面就来比较一下英汉常用问候语的不同。

英语常用问候语	用法
How do you do?	陌生人初次见面时用
Hi/Hello!	熟人或朋友见面时用
Good morning!	熟人上午见面时用
Good afternoon!	熟人下午见面时用
Good evening!	熟人晚上见面时用
How are you?	熟人朋友见面时用
How are things going?	熟人或朋友见面时用
How are you doing?	熟人朋友重逢时用
How is your wife?	熟人或朋友见面时用

汉语常用问候语	用法
您好！	长辈或上级见面时用
你好！	熟人或朋友或同辈见面时用
（你）早！早上好！	熟人或朋友见面时用
您早！	长辈或上级见面时用
（你）吃了吗？	熟人朋友见面时用
（你）去哪里？	熟人或朋友见面时用
（你）干什么去？	熟人或朋友见面时用

通过比较两个表格中的内容，我们可以看出英汉问候语存在很大的不同点。英语问候语表达内容不具体，而汉语问候语的内容非常具体，看见对方在做什么就会问什么，喜欢就事论事或明知故问。此外，汉语的问候语可回答也可不回答，有时仅仅是一个问候，用以表示对他人的关注和关心。需要提及的一点是，汉语的问候语在一些西方人的眼里往往是不友好的，因为他们认为这是在打探隐私。

（2）称呼

称呼（addressing）是言语交际过程中的重要组成部分。因为言语交际所要表达的许多意义往往不是通过语句来传递，而是通过称呼表达出来的。在许多情况下，称呼是开始交际的第一个信息。恰当的称呼是言语交际得以顺利进行的重要条件，不恰当的称呼则会使交际双方不快或使交际中断，甚至产生不良影响。比如，你的好友如果突然用尊称来称呼你，就会令你感到十分的"见外"，也显得很生分。

中国人的称呼。由于几千年来的历史传统，在中国形成了一种长幼尊卑的等级关系，这种关系是极其讲究的。例如，孩子不能对父母、长辈、老师等直呼其名，否则就是不懂礼貌。在亲属关系的称谓上，中国人一般对他人采用"叔叔""阿姨""先生""女士"等尊称。在职场中，中国人往往用抬高对方职称的方法来表示尊重，如在称呼一些副职的人员时把"副"字去掉，由此才能显示出对对方的尊敬。

西方人的称呼。根据不同的交际场合，我们与英美人面对面交流时通常有以下四种称谓方式。

直呼其名。用于非正式的交际场合且交际双方的关系比较密切时。一般而言，西方年轻人在任何场合都倾向于使用这种称谓方式。例如，一个姓名为 Michael Wood 的美国人，他的父母、妻子、朋友、同事甚至儿女都可以使用 Michael（或 Mike）来称呼他。再如，在美国一些大学里老师可以直呼学生的名字，学生也可以直呼老师或教授的名字。

头衔 + 姓氏。用于较正式的交际场合，头衔包括 Mr.（男士），Mrs.（已婚女士），Miss（未婚女士），Ms.（婚姻状况不明的女士）。对于女士来说，"Ms.+ 姓"这一称谓方式比较流行，因为很多女士在交际场合都不愿透露自己的婚姻状况。

以职务或职称代替。可以用作称谓的表示职务或职称的词在英文当中为数很少，如 Professor，Doctor，Nurse，Judge 和 Captain，Colonel，General，Lieutenant 等军衔；另外还有 Waiter，Boy，Conductor，Usher，Porter 等职业称谓，但它们听上去很不礼貌，带有一种卑微的含义。

不称。除了上述三种主要的称谓方式外，在人们的交往过程中还有一种现象，叫不称（不好称呼）。如果说话者不知道如何来称呼听话者，那么最好不直接称呼对方。例如，我们与陌生人打招呼可以直接说"Good morning!"。因为不称比错称要好得多。

（3）致谢

致谢语是指当别人对自己有所帮助，自己为表示感谢而说的话。英汉语言中的致谢语在使用上存在着很大的不同。在西方国家，thank you 是挂在嘴边的话，几乎在任何场合、任何人际关系中都可以使用表示感谢的话，这是一种礼貌策略。与此不同的是，汉语中"谢谢"的使用频率没有那么频繁，是不能随处可用的。归纳起来，在下面的这些场合中是不适合道谢的。

做自己分内的事不需要致谢。意思就是说，说话者无须对职责之内的事表达感谢。例如，在商店里一般都是售货员向顾客表达感谢，因为顾客选择了他的商品。而如果顾客向售货员致谢则会让售货员感觉很奇怪和不自然。不过由于受到国外文化习俗的影响，现在中国人对于职责范围之内的事也多用致谢语。

受到赞扬时不致谢。中国传统的文化教育我们，谦虚是一种美德，对于别人的赞扬也要表示出足够的谦虚。例如，王丽穿了一条漂亮的裙子，当她的美国教师这样赞美她时："How beautiful your skirt is!（你的裙子好漂亮！）"王丽出于习惯往往会回答"No, no, just an ordinary one.（不，不，只是一条普通的裙子。）"这在中国人眼中是很正常的表达，但美国教师则会认为王丽是在怀疑自己的审美能力。

亲密关系之间不用致谢。例如，父母与儿女之间、丈夫与妻子之间、兄弟姐妹之间都不需要说谢谢。因为"谢谢"在语用功能上一般表示双方关系的疏远。

（4）答谢

一般而言，对方致谢之后，英语国家的人士通常会用这样的语句来回答。

You're welcome.

不用谢。

Not at all.

别客气。

Don't mention it.

不用客气。

It's my pleasure.

很荣幸。

需要提及的一点是，英美国家在使用答谢语时也存在语言运用上的差异。英国人常用"Not at all"或"Don't mention it"或"It's my pleasure"来回答；美国人则常用"You're welcome"来回答。

汉语在回答致谢语时常用的表达有下列几种。

不用谢。

别客气。

没什么。

别这么说。

过奖了。

这是我应该做的。

综上可知，英语中表达答谢时比较直接，汉语则比较委婉。另外，汉语中"这是我应该做的"或者"这是我的职责"的话语，用英语来表达就是"That's what I should do"或"That's my duty"从语用学的角度进行分析，这两句英译的致谢语其含义就变成了"这不是我情愿的，只是责任而已。"英语国家的人听到这样的话会感到十分尴尬。这与汉语所表达的语用含义有所不同。因为在汉语中，职责范围内的事情不需要答谢，所以说话人说这句话是想表达："这是我的职责范围，不必客气。"这恰恰是汉语特有的答谢方式。

（5）称赞

称赞（complimenting）是一种对他人品质、能力、仪表等的褒奖言行，恰当的称赞可以鼓励他人、缓解矛盾、缓和人际关系等。美国人对 nice, good, beautiful, pretty, great 等形容词的使用比较多，最常用的动词有 like, love 等。美国人所用称赞语中，下列句式出现的频率较高。

You look really good.

I real like it.

That's really a nice...

That's great!

对称赞的反应，英美人一般表示感谢，也就是正面接受称赞。不过并非全是接受，有时也有拒绝的情况出现。

例如：

A:That's a nice outfit.

B:What? Are you kidding?

A:That's a nice watch.

B:It's all scratched up and I'm getting a new one.

需要说明的是，英美人拒绝称赞并非因为谦虚，只是出于观点不同的直接表达，即并非像中国人那样明明同意对方的观点却故意否定对方的赞扬。

中国人与英美人不同，一般不会爽快地以迎合的方式去接受对方的称赞或恭维，而是习惯使用"自贬"的方式来对待他人的赞美。比如，有中国学者做国际性学术报告，报告本身很有学术价值并得到与会者的一致认可，但在结束报告时，报告人通常会说一些让外国人觉得毫无缘由的谦虚话。

例如：

As my knowledge and research is still limited, there must have been lots of mistakes in my work.I hope you will correct me and give me guidance.

由于本人学识和研究有限，错误在所难免，恳请各位批评指正。

（6）告别

中西方人在交际结束道别时的礼貌用语存在着明显的差异，主要表现在以下几个方面。

英语国家的人在道别时很注意对双方接触的评价，以表达愉快相会的心情。

例如：

It's really nice to see you again.

Thank you very much.

I had a wonderful time with you.

I'm very happy to talk with you.

而中国人道别时一般不会对当前的接触进行评价，注重的往往是相互表达关切之情。当然也有例外，如因事求教于人之后或拜访受到热情的招待之后，客人一般会说："真是听君一席话，胜读十年书啊""今天的交谈很有收获，谢谢你的帮助""你如此热情招待，真是过意不去"等。

英语国家的人在结束交谈或告辞时所提出的理由总是自身因故而不得不告别。意思就是说，终止交谈或访问并不是出于本人的意愿，而是因为其他不得已的事情离开，故总是为此表示歉意。有时候西方人为了找借口离开而不得不撒谎，这就是西方人的 white lie（善意的谎言）。与此相反，中国人离开时的原因是出于对别人的考虑，故告别时会说"对不起，占用了您不少时间""你还要早点休息，我就不多打扰了。""你挺忙的，我就告辞了"等。

英语告别语中祝愿语居多，中国人告别时表示关切的话语居多。英语中最常用的告别语 Goodbye 的意思就是一种典型的祝愿语——"God be with you."（愿上帝与你同在。）。中国主人在送客人离去时喜欢说"您走好""慢走""一路小心"等话，客人则不断对主人说"请留步""别送了"等。英语国家的主人只在门口向客人道别；中国主人对客人要送出大门，甚至还会送了一程又一程。

中西方表达再次相会愿望的形式也存在差别。西方人的再次邀请都是出于真实想法，时间是明确的。而中国人常说的"有空常来呀""没事儿就来我家吃饭"这类话没有给出明确的时间，大多时候表示的仅仅是一种客套。

（7）禁忌语

所谓禁忌语（taboo），是指由于无知、迷信或社会文化习俗的原因，人们往往被禁止说某些话、做某些事或使用某些物件。经过归纳总结，我们在与西方人进行交际时应该避免提及的话题包括以下几种。

年龄。在中国，问他人的年龄是极其常见的，但在西方这个问题一般被视为是不礼貌的。尤其是问女士的年龄，要是询问人是男士，情况会更糟糕。但问小孩子的年龄就没关系，一些成年人也不介意问年龄。事实上，一些成年人很愿意告诉别人他们的年龄，尤其是当他们觉得自己看起来很年轻的时候。然而，最好不要直接问"How old are you?"这样的问题，因为显得太唐突。要是一个上岁数的人想要谈论他们的年龄，别人又恭维他看起来很年轻，他自己就会提起这个话题，如让其他人猜猜他的年龄。在这种情况下，自由谈论年龄就很自然了。如果对方没有提及这个话题，在一般情况下就不可一直追问，因为这会令对方感觉自己的隐私受到了威胁。

收入。在西方，收入这一话题被视为是非常隐私和个人的。即使是在同一个家庭中，人们也有可能不知道彼此之间具体的工资数额。但这并不意味着家庭成员间的关系比较疏远，这只是表明西方家庭成员间所拥有的隐私和独立性的理念。因此，在与西方人进行交谈时，问"How much do you earn?"这样的话是十分不礼貌的。当然，在一些特殊情况下他们也会谈论钱的多少，如找工作的年轻人会谈论他们所寻找工作的工资情况。此外，在西方一般不要直接问他们买什么花了多少钱，这也被认为是侵犯个人隐私的问题。

身体（非健康）的话题。无论中西文化，当明显能看出一个人是病了的情况下，都要询问一下以表示同情和关心。但在英语中，这种询问一开始最好是试探性地，以免引起不快。要是对方否认，那最好立刻停止这种询问；要是对方承认确实感觉不好，那就要询问一两个问题，然后表示希望他能很快好起来。通常而言，询问健康问题的程度取决于对方想要谈论的程度。如果他们想要长时间谈论并想要征询你的意见，那就可以多谈。一般情况下，人们只是想要肤浅地讨论一下。

政治话题。政治问题一直都是比较敏感的话题。在谈论与政治有关的话题时，不同政治倾向的人往往会发表各自不同的看法或意见。欧美人大多都是有党派的人，政治见解往往不同，故在交际场合中提到这种问题最容易引起争论，最好是避免谈及。如果确实无法避免这一话题，那么为了避免在交谈中发生不愉快，在谈及这类话题时一定要谨言慎行，在不了解情况时千万不要胡乱评论，以免引起意见上的冲突。当今世界外交关系可谓瞬息万变，我们根本无从判断，因此不可单凭听到的一则新闻报道就盲目地加以褒贬，最好是不说为妙。

2. 篇章行为的礼貌

篇章行为对面子的威胁不仅取决于对距离和权势等的评估和把握，还取决于对语篇类型的控制。在相同条件下，不同语篇类型中礼貌的相互关系可以概括为以下三种情况。

（1）说明类：距离最大化，权势较高。
（2）驳论类：距离最小化，权势较高。
（3）立论类：距离较大化，权势最大。

第二节　英汉语用文化的翻译

对于英汉语用文化的翻译首先介绍常规的以及语用意义的翻译方法，然后对不同的语用理论的翻译进行总结。

一、常规语用文化翻译的方法

语用翻译指的是通过研究交际目的，了解语言使用与语言使用者之间的关系，并利用翻译策略进行语用内涵翻译的活动。在具体的翻译实践过程中，译者和翻译策略的选择都会受到具体文化语境与语用因素的制约，因此找到语言转换之间的平衡点，并从整体和细节上把握译文十分有必要。语用翻译的最终目的是能够使译入语读者能够获得与源语读者相同的阅读感受与理解。

（一）传统翻译策略

1. 直译策略

英汉语言虽然在文化背景上带有巨大的差异性，但是语言是对客观世界的反应，不同地域的人面对同一种客观事物可能会产生相似或相同的感受，因此语言中会有一定的对应表达方式。这种对应表达的存在为直译策略的使用创造了有利条件。

所谓直译策略，就是保留原文与译文的相似表达、修辞特点、文化特点等。但是需要注意的是，这种保留需要在不违背目的语语言规范的前提下进行。

直译策略的使用需要译者综合考虑源语、目的语、原文作者、译入语读者等多方面因素，才能形成地道的表达方式。在语用翻译过程中经常会遇到文化内涵词，在直译过程中尤其需要注意。

2. 移译策略

移译策略指的是将源语中的表达部分或全部移入到目的语中，从而保留源语的文化外壳。在语用文化翻译中使用移译策略能够体现一定的时代特点，同时也有利于文化之间的沟通与交流。

3. 对译策略

对译策略的使用主要针对的是人类语言表达上的相似性。英汉两种语言中有很多相同语用内涵的表达使用的是不同的语言形式，在翻译这种表达时就可以使用对译策略。

例如：

to have the ball at one's feet 胸有成竹

wait for gains without pains 守株待兔

在具体语用文化翻译时，对译策略的使用还需要注意具体的语用内涵的褒贬性，不能因为有对应表达就轻易翻译。

例如：

说曹操，曹操到。

Talk of the devil and he will appear.

上述汉语习语为中性表达，使用十分广泛。但是英语中的 devil 带有贬义色彩，这种翻译容易造成译入语读者的语用内涵混淆。

4. 意译策略

意译策略的使用是因为不同语言文化间的差异性。在翻译过程中，并不是所有表达都能在译语中找到对应的语言，这时可以从语用角度出发使用意义策略将原文的语用内涵表达出来。

（二）语用过程翻译

学者奥斯汀（Austin）指出，语言是一个动态的过程，有着分析、转换、表达三个阶段。翻译是两种或多种语言之间的转码活动，需要译者在理解原文的基础上进行释义和表达。语用过程翻译指的是重视语言的转码活动，从过程论的角度出发进行翻译。

翻译中出现的问题很可能是译者的理解和表达有所疏漏，这就在一定程度上说明翻译的过程决定着翻译的结果。翻译结果——译文是译者进行思维创造、语言组织、语言加工后的过程，对译文的理解不能仅从表面意义出发，还需要考虑译文的形成过程，从而遵循作者的思维轨迹，对译文做出客观的评价。

（三）语用语境翻译

语境是语言学中的重要研究对象。在交际过程中，语境发挥着巨大的影响作用。语言和语境息息相关，语言表达的语用效果离不开具体语境的支撑。

在语用翻译过程中，更加需要注意语境的作用。如果翻译忽视对语境的体察，就很难忠实再现原文风格和语用内涵。但是需要注意的是，由于语言之间差异性的存在，译文想要达到与原文同样的效果是不可能的，因此译者需要借助具体语境的理论，增加译文语用含义表达的透彻性，从而使读者增加对原文的理解。

二、语用意义的翻译方法

在进行语言传达的过程中，信息一般都分为两个层次。其中表层的是字面意思，也就是理性信息；深层的是话语意思，也就是元信息或语用意义。

交际过程中，话语的语用意义一般体现着说话人的交际意图。在翻译过程中，很容易出现语用意义与理性信息混淆的情况，这时译文的质量就不能保证。

例如：

Invited me or not, I will come.

上述这个例句，如果直译，可以翻译为"不管邀请或不邀请，我都会来。"从字面意义理解，这句话给人一种强势、粗鲁的感觉。但是在具体语境和发话人的文化背景的综合作用下，其语用内涵却可以发生不同。

这句话出自埃及总统萨达特（Sadat），当美国记者问及，他是否会访美与卡特（Carter）商讨和平谈判问题时，萨达特给出了上述回答。在埃及，使用公式化表达十分常见，其语用内涵是用来表达想解决误会和恢复和睦的美好愿景。在翻译这种语用意义的句子时，译者需要结合具体语境和文化背景进行具体分析。

在具体语用意义翻译的过程中，混淆元信息的因素主要包括交际中参与和独立的矛盾以及语言中形式和功能的矛盾，翻译时注意这两个因素，能够提高译文质量，促进翻译的有效进行。语用意义的翻译在很大程度上就是减轻这两个方面矛盾的过程，下面进行具体分析。

（一）交际中参与和独立的矛盾

人类带有参与和独立两种状态，这两种状态同时存在。人类既需要在与他人沟通的过程中参与社会活动，获得一种群体感，同时还需要保有自身的独立意识，从而不为他人左右的生活。因此可以说，人类兼有个性和社会性，在公有社会中按照自身的个性生活。

在具体的语用翻译过程中，由于中西方对待参与与独立的观点不同，因此会产生一定的矛盾，此时译者需要看到这种矛盾，并在译文中适当减轻二者矛盾，从而真正将翻译作为传递中西文化的桥梁。

例如，很多西方国家重视个人主义，主张个性本位，带有强烈的求异思维。在这种思维的影响下，西方人对事物的考量总是从个人的角度出发，按照从微观到宏观的顺序。西方人喜欢标新立异、张扬个性，激烈竞争的民族性格和这种思维形式不无关系。在参与社会活动过程中，西方人重视自身隐私，觉得交际对方提及自身的薪资、婚姻状况等都是不礼貌的行为。

中国人在传统文化的影响下注重集体和群体观念，喜欢从众，主张将自身利益放置在民族和集体的大背景下，力求个人与整体的相协调，在集体中寻求自我存在感和归属感。

在这两种截然不同的参与和独立思维的影响下，英汉语言中对相关话题的表述也大不相同。在语用翻译过程中，需要注意二者的矛盾。

例如：

中国人：Welcome to my home if you are free.

欢迎有空来我家玩。

英美人：I'll be free next Sunday.What about next Sunday?

下周日我有空，下周日怎么样？

上述对话给人一种十分尴尬的感觉，中国人在社会交往过程中习惯使用客套话来表达自己的热情，因此上述例句"Welcome to my home if you are free"其实是一种道别时的客套话语，并不表明说话人真实的语用含义。但是英美人以为上述是一种真诚的邀约，在个人时间观念的影响下，他主张定下聚会时间。

（二）语言中形式和功能的矛盾

语言中形式和功能的矛盾同样也是语用意义翻译的重要难题。在语言中形式和功能矛盾的作用下，翻译的过程可能受到语言形式的局限、词汇意义的差异、表达方式的差异、语言联想的差异等的影响，下面就分别对其进行分析。

1. 语言形式的局限

英汉两种语言在语言形式上带有明显的差异，在翻译过程中译者需要根据具体语境分析其语用内涵，从而找到相对应的表达形式。

2. 词汇意义的差异

英汉语言中的词汇，往往和其文化背景相关。很多词汇利用直译法并不能反映真实的词汇内涵，这时就会导致语用信息混淆。例如：

black tea 红茶

nose job（整形）手术

bag lady 提着包无家可归的女士

fat farm 减肥场所

上述英文词汇如果按照直译法进行翻译，分别对应汉语中的黑茶、鼻工作、包女士、肥农场。如果译者不了解具体的英语词汇语用意义，会令读者感到费解，不利于语言的沟通与交流。由于我国有着悠久浩瀚的民族文化，汉语中词汇意义内涵更加丰富，与英语词汇的差异更是显而易见，在此不再赘述。

3. 表达方式的差异

表达方式的差异是造成语用元意义混淆的重要因素，英汉在日常语用、社会语用方面均带有自身特点。因上文有所提及，在此不再展开。

4. 语言联想的差异

在文化差异的影响下，英汉语言联想也带有一定的差异性。例如，中国人认为自己是龙的传人，因此认为龙是一种神兽，而在西方国家，龙是一种邪恶暴力的生物。再如，在数字文化方面，中国人喜欢8，认为其发音和"发"类似，有着一种发财的语言联想。西方人普遍信奉基督教，由于耶稣是在13日遇难，所以在日常生活中，人们对13有着不好的语言联想。

这些不同的语言联想对翻译有着重要的影响作用，译者需要增加自身的语用和文化素质，从而应对不同的文化翻译。

三、语用理论翻译的方法

（一）言语行为的翻译

在对具体的言语行为进行翻译的过程中，译者需要把握好以下两个原则。

1. 彰显源语语用功能

言语行为理论最早由英国哲学家奥斯汀提出。言语行为理论认为，人们说话的同时也是在实施某种行为。作为一种跨文化交往的言语行为，翻译更是异常复杂。译者必须挖掘原文的"言外之力"，并通过或明晰或隐晦的方法将其传递给目的语读者才算是高质量地完成了翻译工作。这就要求译者不能仅仅关注译文与原文语言表层的一致，更要关注二者语用功能的对等，要通过语境推导源语语用含义，在尊重源语意向、情感与价值观的基础上，使译文更加体现源语的语用功能，实现交际目的。

例如：

...and, therefore, I say that if you should still be in this country when Mr.Martin marries, I wish you may not be drawn in, by your intimacy with the sisters, to be acquainted with the wife, who will probably be some mere father's daughter, without education.

……所以，如果马丁先生结婚时你还在这儿，可千万别碍着他两个妹妹的情面搭理他的太太。说不定他会娶个十足的乡下的女儿,没有一点教养。

上例原文节选简·奥斯汀的《艾玛》中艾玛对哈里特小姐说的一段话。艾玛反对哈里特与马丁交往,她的"反对"是通过"感情意义"表达出来的。译文通过"碍着……情面""搭理""十足的乡下人""没有一点教养"等表达将这一意图表现得淋漓尽致,十分符合原文所要传达的情感态度,实现了原文的语用功能,同时也提升了译文的质量。

2. 再现原文风格韵味

根据言语行为理论,译文应遵循话语轮换中的客观规律及其严密的逻辑思维,结合言语行为,通过语境的再创造呈现原作的韵味。

例如:

Believe me, my dear Miss Elizabeth that your modesty, so far doing you any disservice, rather adds to your other perfections. You would have been less amiable in my eyes had there not been this little unwillingness, but allow me to assure you that I have your respected mother's permission for this address. You can hardly doubt the purport of my discourse, however your actual delicacy may lead you to dissemble; my attentions have been too marked to be mistaken. Almost as soon as I entered the house I singled you out as the companion of my future life.

"请相信我,亲爱的伊丽莎白小姐,你害羞怕臊,非但对你没有丝毫损害,反而使你更加尽善尽美。假如你不稍许推诿一下,我反倒不会觉得你这么可爱了。不过,请允许我告诉你一声,我这次找你谈话,是得到令堂大人许可的。尽管你天性害怯,假痴假呆,你一定明白我说话的意图。我的百般殷勤表现得够明显的了,你不会看不出来。我差不多一来到府上,就选中了你做我的终身伴侣。"

本例原文选自《傲慢与偏见》,原文中描写了在酒会上,善于阿谀奉承而又咬文嚼字、装腔作势的小人柯林斯向伊丽莎白求婚的情景。原文中"for this address"之后,柯林斯接下来的话语就逐渐道出了他说话的最终目的——求婚,因此将其译为"我这次找你谈话"是符合原文的语境意义的言语行为。另外,将"I entered the house"翻译成"我……来到府上"显然要比"我……进这屋子"更符合当时言语行为的语境。

(二)会话含义的翻译

会话含义理论在翻译过程中需要在遵守合作原则四准则的基础上进行针对性翻译。同时在具体的翻译过程中还需要分析文章具体的修辞手段。

1. 数量准则与等效翻译

合作原则中的数量准则要求说话人的话语既要足够详尽，又不能显得冗赘、啰唆。翻译时，译文同样需要遵循这条准则，必须把原文里的信息全部传达出来，且在传递信息的过程中，既不能擅自增加原文中没有的信息，也不能自作主张减少原文中包含的信息。

例如：

欲去牵郎衣，郎今到何处？不恨归来迟，莫向临邛去！

译文一：

You wish to go and yet your robe I hold, Where are you going tell me dear today?

Your late returning does not anger me But that another steals your heart away.

译文二：

I hold your robe lest you should go, Where are going dear today?

Your late brings me less woe.Than your heart being stolen away.

上例原文选自唐朝诗人孟郊的诗《古离别》。诗中的"临邛"一词源自司马相如和卓文君的故事。这个词表现出了女子与丈夫分离后，盼望丈夫不要另寻他爱、舍弃家庭的感情。了解了这个词的含义，再对两个译文进行对比可以发现，译文"But that another steals your heart away"这句话很容易诱使读者认为，文中的丈夫有了外遇。因此增加了原文的信息量，不符合数量准则。综合比较起来，译文二的翻译更加符合原文的含义。

2. 质量准则与等效翻译

质量准则要求说话人在交际过程中，应该说真实或正确的话语，因此在实际的翻译工作中，译者需要保持原文中所要传达的信息，力图使译文在最大程度上保持与原文形式与语义上的统一。有的文章在表达上会有一些错误，如话语模糊、表达不畅等，按照质量准则，译者在面对此类问题时，应该将原文信息忠实地传递给读者，从而体现出原文的风格。

3. 关联准则与等效翻译

关联准则对于说话者也有一定的要求，其要求说话人的语言要贴切、简洁、有条理，并尽量避免使用晦涩、有歧义的词语。翻译时，译文表达必须清晰、无误。翻译是两种语言之间的转换活动，但是译者却需要在了解两种语言差异性的基础上，考虑译文读者对语言的理解程度。因此，翻译时译文必须符合译语规律，做到严谨、连贯这样才能顺利地被读者理解和接受。

例如：

别学他们猴在马上。

（曹雪芹《红楼梦》）

译文一：Don't ride a horse like those men.
译文二：Don't copy those apes on horseback.

上例选自《红楼梦》中的出殡场景。原文中王熙凤告诫贾宝玉不要"猴"在马上。"猴"字的运用十分真切地体现出了王熙凤的性格特点：亲切、泼辣。译文一并没有将这个字翻译出来，因而丢失了很多信息。而译文二则将这个字生动地再现给了译文读者，效果颇佳。

4. 方式准则与等效翻译

由于会话含义对语言形式依赖较大，因此翻译时也应尽量做到与原文的语言形式对等。曾宪才曾指出，译者在处理有会话含义的语句时，一般只要根据原文，译出其语义意义，采取含义对含义的对应模式即可，而无须翻译出其语用含义。这种翻译形式给读者留下了揣摩的空间，更加有利于原文效果的发挥。

例如：

呵呀，你们踏着人家的菜地哪，那是才撒下种的两个牵着带子在量的人，都穿着短装的，并没有理睬她，只是在菜地走上走下的。先生们，你们是有耳朵的哪！石青嫂子气得大叫起来，咋个这样不听招呼？你们那样踏了，还长得出来啥子！

小说《青石嫂子》

Don't tread on the seeds I've just sown! But the men with the measuring lines went on tramping up and down, paying no attention to her at all. Are you deaf? She sang out furiously. Why don't you do as you reasked? Do you think seeds will grow after you've trampled them like that?

会话含义十分重视语言的形式，因此译者应尽量使用含义对含义的翻译策略按原文形式进行对应翻译。上例译文中"Are you deaf?"一句虽然已基本上译出了原文的语用含义，但却显得太直白、刺耳，与原文中说话人的身份不符，同时也不能体现出说话者的心情，从而大大降低了原文中语用修辞的表现效果。

5. 修辞手段与等效翻译

在正常的交际情况下，言语交际需要遵循以上四条准则。但是有时为了特殊的需要，人们会故意打破这些准则。格赖斯（Grice）指出，"反语（irony）、隐喻（metaphor）、夸张法（hyperbole）和弱言法（meiosis）等修辞手段就是故意违反会话的质量准则，目的在于通过使用脱离现实的表述来增强语气，使表达更生动形象。"

例如：

I think he was married and had a lioness at home.

我想他已经结婚了，老婆是个母老虎。

上例中，"lioness"并不是说那人家里真有一头母狮子，而是一个隐喻，将那人的妻子比作母狮子。从表面上看，"lioness"违反了量的准则，言过其实，但发话人却使用这种修饰手段让受话人更深刻地理解了字面下面的隐藏含义。

从整体上看，一个合格的译者需要在了解源语和译语不同的语用原则的基础上，阐述不同语用意义的差异性，调补文化或语用空缺，从而使译文能够符合语用原则和语用习惯。

（三）预设的翻译

预设与翻译密切相关，在具体的翻译实践中，译者需要利用预设避免误解和误译，并需要在具体问题具体分析的基础上，摆脱之前的预设对语篇的影响。

1. 利用预设

预设对翻译有着极为重大的意义，因为译文好坏的确定在很大程度上受意义的影响。系统功能语言学认为，译者是通过词汇、语法理解了原文意义，进而了解了原文语境，而表达时却是通过语境来把握意义，进而选择词语、使用语法的。换句话说，译者在翻译过程中通过运用有关思维获得文本的关联链，然后建构起连贯的信息，最后在此基础上选择最佳的表达方式。可以说，要想正确理解源语内涵，避免翻译转换过程中出现的误解与误译，译者必须能够善于运用语用预设推理、结合语境分析。

例如：

"Wanna go to a movie with me sometime, Jess?" asked Davey Ackerman.

"The name is Jessica.And no I wouldn't, I don't go out with Juveniles."

译文一：

"杰丝，想不想什么时候和我一起去看电影？"戴维阿克曼问道。

"名字是杰西卡。不，我不和你去看电影。我不和未成年的孩子出去。"

译文二：

"杰丝，想不想什么时候和我一起去看电影？"戴维阿克曼问道。

"叫我杰西卡。你拉倒吧，我才不呢。我不和小年轻出去。"

上例中，男孩本想用昵称"Jess"和女孩想套近乎，但女孩对他没什么好感，因此用"the name"这一特指纠正了男孩的称呼。对比译文一和译文二我们发现，后者将预设中女孩的冷淡态度表现得十分到位，与下文中女孩拒绝与其出去的回答十分相符，因而译文二质量更佳。

2. 摆脱预设

翻译实践的过程中，预设的作用首先体现在了对原文含义的传递方面。但是意义的表达形式非常复杂，这就需要译者在具体的语境中进行推理判断，从而获得正确的理解。由于文本的差异性，译者不应过于执着于先前翻译实践中所形成的预设，应该具体问题具体分析，从而在最大程度上还原原文含义。

例如：

...yet, as it sometimes happens that a person departs his life, who is really deserving of the praises the stone-cutter carves over his bones ; who is a good Christian, a good parent, a good child, a good wife or a good husband ; who actually does have a disconsolate family to mourn his loss ; ...

……不过偶尔也有几个死人当得起石匠刻在他们朽骨上的好话。真的是虔诚的教徒，慈爱的父母，孝顺的女儿，贤良的妻子，尽职的丈夫，他们家里的人也的确哀思绵绵地追悼他们；……

在这个例子中，译者以作者的视域进行语用预设分析，根据真实的语境，将几个 good 分别翻译成"虔诚的""慈爱的""孝顺的""贤良的""尽职的"，十分贴切且有变化性。而如果将 good 按照先前所形成的预设之上，将其译为"好的"则会使译文看起来呆板、笼统。

（四）指示语的翻译

指示语（deixis）是语用学中的重要概念，其在言语活动中发挥着重要的影响作用。它能够说明语言和语境之间的密切关系，并随着语境的变化而发生一定的改变。因此，若想准确的翻译指示语，需要结合语境、说话者、受话者等因素进行推断，同时在翻译过程中还要注意交际文化与背景，力图最大限度地进行语用等效翻译。

例如：

县官又苦苦地劝老残到衙门去，老残说："我打扰黄兄是不妨的，请放心吧。"

（《老残游记》）

译文一：The hsien magistrate then again pressed Lao Ts'an most urgently to come to the yam en. Lao Ts'an said, "If I impose myself on brother Huang, it won't matter. Please don't worry."

（Shadick 译 *The Travels of Lao Is'an*）

译文二：The magistrate insisted that Mr. Decadent should go to the yam en. But the latter said, I don't mind troubling Mr. Huang, so don't worry about me."

（杨宪益夫妇译 Mr:Decadent）

在汉语中，"兄"是一个亲属称谓语，但是在原文中，其由亲属称谓转变为了社交指示语，因此其语义也发生了变化。由于中英文语言的差异，英语中的 brother 很少用于社交场合。因此对此指示语的翻译需要引起译者的注意。译文一将"黄兄"翻译为"brother Huang"，虽然表示出了手足之情，但是却没有表现出恭敬的含义，显得有些牵强，甚至会使读者将"虚拟关系"误解为"真实情况"。而译文二将其译为"Mr.Huang"，虽然没有称兄道弟，但是却传达了说话者的恭敬之意，也符合西方人的称谓习惯，显得更加恰当。

再如：

那李嬷嬷还是只管问："宝玉如今一顿吃多少饭，什么时候睡觉？"丫头们总是胡乱答应地说："好个讨厌的老货！"

（《红楼梦》）

Mother Li just asked, "how many meals does Baoyu eat now and when does she go to bed?" Girls always promise to say: "what a disgusting old thing!"

在这个例子中，"老货"为指示语。这种指示语没有固定的称谓对象，而是根据文学作品需要或日常对话需要而使用的，在具体的语境中能够起到生动、形象的作用。对于这种指示语的翻译，译者需要进行仔细推敲。上面译文将"老货"翻译为"old pest"，随后使用"she"表明性别和指称，因此使得译文的表达更加通顺、完整。

小厮笑道："哎呦！没有罢了，说上这些闲话！我看你老人家，从今以后，就用不着我了？就是姐姐有了好地方，将来呼唤我的日子多着呢！只要我们多答应他些就有了。"柳氏听了笑道:"你这个小猴精又捣鬼了!你姐姐有什么好地方?"

(《红楼梦》)

"Aiyaya!" chortled the boy. "If you can't help, you can't.Why all this palaver? Think you won't need me in future? If you daughter does get a good post, seem to me she'll be wanting our help even more often, and only if we give it will she do all right." "So you're up to monkey tricks again, little wretch! What good post is my daughter going to get?"

在上述例文中,"姐姐"是汉语中经常出现的第三人称称谓词。但是如果在翻译时,直接将其翻译为 sister,则很难被英语国家的人所了解,因此译文将其进行转化,译成了"your daughter"和"my daughter"。

指示语的翻译十分灵活,需要译者根据具体语境和文化背景进行恰当翻译,同时在翻译过程中,还需要注意原文的语用含义,在保证译文准确、完整的基础上,力图最大限度地再现原文内涵,取得更大的表现效果。指示语的语用等效翻译对语用意义的阐述具有重要的影响作用。

(五)语境的翻译

语境在很大程度上影响着译者对原文的理解。译者在进行翻译实践的过程中,了解作为符号的语言与具体语境之间的关系对于信息的正确传递影响深远。如果译者忽视了语境的作用,则很难忠实于原文的风格进行翻译,同时也无法准确传递出原文信息。

英汉两种语言带有差异性,因此想要取得完全相同的表达效果是不可能的。翻译中,译者需要在运用自身的语言知识的基础上,重视语境对文章表达的影响,从而在最大程度上还原文章信息。

语用学中的顺应论认为,交际双方在语言使用的过程中不断激活的语境因素和一些客观存在的事物动态会随着交际过程的变化而变化。交际语境和语言语境的变化对交际的影响十分重要。

因此,在进行语用翻译的过程中,译者需要对中西方的语言使用文化和交际背景进行研究,从而提高翻译质量。

例如:

犬子将于下月结婚。

My little dog is getting married next month.

这个例子是汉语文化语者写给外国友人的喜帖。译文中将"犬子"译成"My little dog"显然出现了一定的语用失误。译者的译文曲解了原文的语用含义。在进行翻译的过程中，译者需要了解交际双方的交际语境。在这个例子中，其交际语境主要包括以下几个因素。

物理世界因素：中英两个国度。

社交世界因素：汉语用犬子、小儿和小女分别谦称自己的儿子和女儿，而英语中没有类似表达。

心理世界因素：作为父母，写信人把儿子即将结婚的喜悦之情隐藏于低调之中。

根据以上分析和原文含义可输出如下译文：

My son is getting married next month.

除交际语境外，翻译时还要考虑语言语境（即上下文语境）。语言语境主要包括：语篇衔接（contextual cohesion）、互文性（intertextuality）和线性序列（sequencing）等，并和语言结构有着密切的联系。

（六）礼貌原则的翻译

通过上面六项准则可以看出，礼貌具有不对称性，对一方礼貌就意味着对另一方不太礼貌。礼貌又具有相对性，不同的人、社会所表示礼貌、判断礼貌的标准也不同。

翻译是跨文化交际的桥梁。译者的一个重要任务就是让目的语读者体会到原文文化背景，从而更加深刻地理解原文。这就要求译者必须熟悉源语和目的语在礼貌问题上的差别。例如，英汉语言在应对赞美语时存在极大的差别。英语文化中，面对赞美，人们总是首先表示感谢，以示对发话者观点之赞同，遵循一致原则，表示了礼貌。而在汉文化中，面对赞美，人们总是否定对方的赞美，或自贬一番以示谦虚。对待这种情况，我们可以采用归化或异化的翻译策略。

1. 归化

"归化"的目的在于使译文读者能够像原文读者欣赏原文一样去欣赏译文。这就要求译文必须和原文有着高度的功能对等，且还要尽量贴近译文读者所熟悉的礼貌准则，使译文读起来没有翻译的感觉。"归化"通常用来处理那些不属于源语文化核心而又妨碍译语读者理解的礼貌因素。

例如：

You seem almost like a coquette, upon my life you do-They blow hot and cold, just as you do.

你几乎就像一个卖弄风情的女人，说真的，你就像——他们也正像你一样，朝三暮四。

本例中的"blow hot and cold"源自《伊索寓言》，用于说明一个人对爱人不忠实。如果采用异化策略将其译为"吹热吹冷"，目的语读者自然难以理解其含义。但如果采用归化策略，用汉语中的"朝三暮四"来表达，那么原文的整句话的意思也就理解了。

2. 异化

"异化"的目的在于保存鲜明的民族文化特色，保证语篇结构和语气的完整与连贯。"异化"通常用来处理那些构成原语文化核心，一旦缺失会导致重要的原语文化信息丧失的礼貌因素，但要求不能影响上下文和语气连贯。有时为了便于外国读者理解，还会添加解释性语言。

例如：

他不回答，对柜里说，"温两碗酒，要一碟茴香豆"，便排出九文大钱。

Ignoring this, he would lay nine coppers on the bar and order two bowls of heated wine with a dish of aniseed-peas.

本例译文将原文的直接引语转换成了间接引语，避开了请求言语行为的礼貌问题，译文读者无法知晓原文请求言语行为的方式和礼貌程度。

（七）关联论与翻译

根据关联论的相关理论内容，译者在进行翻译的构成中，需要结合原文语境，从而找到译文与原文的关联点，继而译者在运用自身翻译技巧的基础上，对原文逻辑、文化进行再现，最终保证译文的质量。

英汉文化与语言的差异性给翻译带来了很大的困难，如针对同一种文化现象进行不同的语言表达，或者同一种事物有着截然不同的文化含义。在翻译过程中，译者切不可使用本土思维，从而造成译文的语用文化缺失。同时中西方在历史孕育过程中形成了自身鲜明的文化特色，在翻译过程中对这些文化现象的再现也成了检验译文质量高低的重要标准。

例如：

悼红轩

Mourning-the-Red Studio（杨译）

Nostalgia Studio（霍译）

怡红院

Happy Red Court（杨译）

House of Green Delights（霍译）

怡红公子

The Happy Red Prince（杨译）

Green Boy（霍译）

上述分别选自《红楼梦》中"红"字表达的翻译。其中我国学者杨宪益夫妇将"红"字直接翻译为 red，霍克斯（Hawkes）的翻译却没有 red 一词。在翻译时，译者需要考虑作者的思维方式以及读者的阅读方式，对二者进行关联。

第六章 翻译教学模式研究

第一节 以学生为中心的翻译教学

一、"以学生为中心"教学的概念

"以学生为中心"的教学是由于翻译教师仅作为知识的传授者和指导者的角色已远不能满足教学的需求,因此教师应通过多种途径突出学生的中心地位,形成课堂上的新型师生关系的一种教学模式。这种教学模式认为翻译是对两种语言的创造性运用,因此翻译活动应涵盖在交际框架下的语言活动、文化活动、心理活动等内容。这种教学模式重视英语翻译教育的发展趋势,特别重视翻译教学环境和学生作为教学主体这两个因素。由于翻译教学环境趋向于提倡、建立一种交际性的课堂教学形式,也就是要努力创建一种能培养学生独立开展创造性语言转换以及语言交际的环境,因此也就应该特别重视社会背景和文化迁移在翻译教学中的作用。此外,这种教学模式认为教师不应再被认为是翻译操练中的带头人、翻译材料的介绍人或译文好坏的评判者,而应在翻译教学的过程中,明确学生才是积极的创造者,而不是消极的接受者;要重视学生的不同个性、学习风格、学习策略以及在学习过程和学习内容上的学生智力因素。总而言之,以学生为中心的翻译教学就是要充分重视学生在学习过程中的积极作用,充分调动学生学习的积极性和自信心,要尽量让学生自己控制学习内容和方法,鼓励学生参与到教学活动的各个环节中来,鼓励学生更多地对自己的学习负责。

二、"以学生为中心"教学的特点

(一)教师引导,学生为主体

在传统翻译教学模式中,教师通常会处于相对的权威地位,所以人们常常可以看到教师在台上一板一眼地讲，学生在台下不停地记笔记，这也是一种"填鸭式"的教学方法。而"以学生为中心"的教学模式则要求实现教师角色的转移，也就是要将教师角色由主演转变为"导演"，从而更好地引导、辅助学生学习翻译；而将学生转变为"主演"，将翻译知识掌握并付诸实践。

（二）教师和学生融洽合作，教学突出实践

"与传统翻译教学模式'以教师为中心'不同，'以学生为中心'的翻译教学模式强调翻译教学过程中学生的主体性。认知理论认为，教学不是知识的'传递'，而是学生积极主动地'获得'。"在"以学生为中心"的翻译教学模式中，教师与学生应形成积极的合作关系，也就是说双方应成为翻译教学中的合作者。

实行"以学生为中心"的教学模式并不代表教师失去权威性，而是仍要以教师作为课堂活动的引导者，采用多种途径突出学生的中心地位。传统的教学法一般是"以教师为中心"的教学方式，这种教学方式通常"将改错作为教学手段，将教师提供的参考译文作为翻译课的终极目标，不符合真实情况下翻译的本质特点，在一定程度上扼杀了学生学习翻译的主动性与创造性"。可见，传统的翻译教学方式由于过分依赖教师的主导地位，从而在很大程度上忽视了学生的主体地位，也就很难激发学生的积极性，学生不但没有选择回答问题的权利，而且教师也很难把握及满足学生的真实需求。

"以学生为中心"的翻译教学模式，首先便是让学生在"译"中学习技能。同时，翻译是一门理论与实践相结合的课程，王鸣姝在自己的论文《如何改进英语翻译教学》中提出了"好的理论以实践中获得的材料为依据，好的实践又以严谨推断出来的理论为指导"的观点。他认为学生在学习英语翻译的过程中要以理论为基础指导，通过大量的实践练习和与参考译文对比来更好地掌握所学的翻译技巧，从而进一步提高翻译能力。

正如黄青云在其论文《翻译观念与教学模式也应"与时俱进"》所说的一样："新的现代教学理念认为，在翻译课上，是先鼓励学生去译，在'译'中学习。也正是因为学生在译的过程中，需综合运用原有的知识经验，查阅工具书以及其他相关资料。"所以，学生可以从新的角度去思考和考虑已学过的内容，并能有时间去理解这些理论和翻译技巧或方法，最终达到掌握相应知识和积累经验的目的。

例如：

But I was also struck by something else: that among all those decades'worth of family documents my parents had looked through, the delivery bill was the only thing they thought of sufficient interest to pass along.

几十年来，我们家积累下那么多的单据，仔细看过之后，我父母的唯一有保存意义的就是那张接生费用账单。

在刚开始翻译时，大多数的学生会将"document"译作"文件、资料、票据"等，但认真查阅词典后会发现"document"在英语里的意思是"a writing that conveys information"。结合这里的语境分析，准确的翻译应为"单据"。

（三）共同参与评价

"以学生为中心"的教学方式要求改变传统的以教师为主体的评价方式，并要实现评价主体多元化，组织学生间、师生间的自评和互评相结合的多层面评价。教师可以通过以下几个步骤来将评价权利完全赋予学生：

第一，教师应先将学生分成若干个小组；

第二，在完成一种翻译方法或技巧详解和示例后，教师应给学生们布置课前选定的相应翻译练习；

第三，学生完成练习之后，可以考虑进行小组讨论进而评选出能够获得小组成员共同认可的较好译文；

第四，教师检查完各小组译文之后，应对其分别加以评价，并指出这些译文中的翻译较好的部分和不妥之处；

第五，最后教师还应为学生提供参考译文，并鼓励学生指出其中可能存在的不足之处，进而实现师生共同探讨某种译法的效果。

例如：

Rocket research has confirmed a strange fact which had already been suspected there is a high temperature belt in the atmosphere, with its center roughly thirty miles above the ground.

教师应给出"通过火箭研究已经证实了人们早就怀疑的大气层中有一个中心在距地面约30英里的高空的'高温带'的这种奇怪的事实"的参考译文。

学生可以根据英汉长句转换原则，将英语的"树状形"结构转换成汉语的"波浪形"结构，也就是将英语长句译成汉语的若干短句。如果认为参考译文翻译得比较拗口，通过探讨，可以得出较佳译文：

利用火箭研究，人们证实了早就怀疑的一个奇怪事实，即大气层中有一个"高温带"，其中心在距离地面约30英里的高空。

或译作：人们早就怀疑，大气层中有一个"高温带"，其中心在距离地面约30英里的高空。利用火箭进行研究后，这一奇异的事实已得到证实。

（四）重视学生独立翻译能力的培养

"以学生为中心"的翻译教学模式的目的是培养学生独立的翻译能力，而不是只教学生学会翻译某些句子或文章。这种教学模式重视翻译过程，旨在通过教师的指导，帮助学生学会如何理解原文，并且通过恰当的技巧来表达自己的译文。此外，为了树立学生的自信心，教师必须对学生的作业持积极的批改态度。

三、"以学生为中心"教学的活动安排

（一）开列阅读书单

由于翻译是一项实践性较强的活动，所以在翻译教学的所有阶段都必须重视实践练习环节，翻译课程安排更应以实践活动为主线。但也要重视理论指导实践的重要作用，因为如果离开了科学的理论指导，也就没有办法进行高效的实践活动。所以，为了帮助学生在较短的时间内掌握科学的翻译理论知识，教师向学生推荐阅读书单是一个很好的办法。教师可向学生推荐《翻译简史》《翻译理论与技巧》《中英文化习俗比较》等书籍，学生可以通过这种方式学会用普遍的原理来处理个别的实例，之后再经过老师的指点，就可以将实例接通到理论上去，做到真正的融会贯通。

（二）多进行笔译、口译练习，消除文化障碍

学习口、笔译的学生要具备坚实的双语素养、丰富的文化知识和运用翻译策略的技巧。特别是在口译教学中，跨文化沟通认知对学习口译的学生十分重要。许多口译初学者在翻译过程中出现错译或误译，并非因为他的语言能力欠缺，而是因为他遇到了无法解决的文化障碍。所以，只有进行不断的翻译实践，才能消除可能出现的文化障碍。

（三）采用多媒体教学手段

由于语言运用是一种多感官的体验，可以通过不同的媒介或者不同的感官渠道传输语言信息，所以很有必要采用现有的多媒体技术进行英语翻译教学。目前很多的学术讨论会、记者招待会或者国际交流性质的互访宴会等都会采用同声翻译录像、光碟，在翻译教学中就可以利用这些录像、光碟，来创造模拟的现场效果，从而进行英汉或其他语言的互译实践。

四、"以学生为中心"教学的不足

"以学生为中心"的翻译教学模式并不是十全十美的,它同样存在以下局限性:

第一,如果同一组学生在一起讨论问题时间过长,一些学生的注意力就会逐渐开始分散,有时候他们会讨论某些个人的事情,忘记了正在讨论的问题。

第二,这种方式会助长部分学生的惰性,特别是那些经常处于中下水平的学生,他们会依赖小组成员,而不去思考,他们常常只会等待其他人来回答,也就是说会造成"窃取他人成果"的现象。

第三,这种教学模式会让部分学生感到困惑,尤其是那些处理语言解码和语言编码能力较差的学生,这种教学方式会使他们对自己的翻译能力感到自卑。

第二节 培养跨文化意识的方法

一、跨文化意识的概念

跨文化指的是不同民族文化之间的交流与对话。随着经济全球化、政治一体化及社会活动的全面发展,世界各国之间的跨文化交流也越来越频繁,很多有着不同文化背景的人们之间相互交流的趋势也在不断加强,而在这个过程中,语言就成了他们进行交流和沟通所必需的交流工具。由于语言和文化的关系通常是密不可分的,而语言又是文化的重要组成部分和突出的表现形式,因此可以说语言就是文化的载体。反过来,各民族的不同文化又深深地植根于不同的语言之中。

人类的文化交流有着悠久的历史,它从语言的产生到现在,一直通过语言来进行。而不同的文化之间进行交流(跨文化交流)就必须通过翻译来实现。著名作家于冠两先生说过:"人类文化从整体来说,是各国、各民族文化汇聚、交流的产物。"可见,如果没有翻译,跨文化交流也就不可能实现。作为跨文化的桥梁,翻译在信息传递的过程中起着非常重要的衔接作用,这也就使得翻译人员的重要性得到充分展现。

跨文化意识作为跨文化交际研究的重要内容之一,是指外语学习者对于所学习的目的语文化具有较好的知识掌握和较强的适应能力与交际能力,能像目的语本族人一样来思考问题并做出反应,以及进行各种交往活动。或者说，跨文化意识指的是外语学习者在跨文化交际中所特有的思维方式、判断能力以及对交际过程中不同文化因素的敏感性。在交际过程中，参与者具备这种意识就会受到启发和指导，而不受文化差异的负面影响。在无具体交际事务时，它仍然能够对学习者的学习和思考起着引导作用。

虽然翻译人员非常重要，但是如果译者对语言所承载的文化不甚了解，也就不能准确无误地表达出原句所要表达的意思。因此，多数的译者会在跨文化的交际中促使自己自觉或不自觉地形成一种认知的标准和调节方法，也就是形成一种跨文化意识。也就是说，跨文化意识是译者所特有的判断能力、思维方式以及在交际过程中对文化因素的敏感性。

还有学者认为跨文化意识是人们在进行文化交际中，参与者对文化因素的敏感性认知，他们通常认为跨文化意识分为以下四个层次：

第一，对那些被认作怪异的表面文化现象的认知；

第二，对那些与母语文化相反而又被认为是不可思议又缺乏理念的显著的文化特征的认知；

第三，通过理性分析从而取得对文化特征的认知；

第四，从异文化持有者角度感知异文化，这个层次是跨文化意识的最高境界，参与者必须具备"移情"和"文化融入"这两种能力。

移情就是说译者不但要克服语言上的障碍，还要克服文化上的障碍，要能够设身处地地体味别人的际遇。文化融入指的是译者要在充分认识文化差异的基础上，全面了解与原文有关的历史、社会、文化、地理及其他相关知识，进而可以让原文所承载的社会、文化信息等在翻译中得到恰当的体现，也就是要从对方的文化背景上观察和思考问题。从这一点来说，译者是否具有跨文化意识或者这种意识的强弱将直接影响到译文的质量。

考虑到不同文化背景的人所习惯的表达方式各有差异，译者除了要具备扎实的基本功之外，还要努力提高自己对文化差异的敏感性，结合自身的判断理解，正确、恰当、忠实地表达出原文所要传达的意图。这种能力和意识的培养对于译者是十分重要的。

跨文化意识的有无或程度的强弱直接影响着交际的质量。众所周知，英语目前已基本上成为一种跨国界的通用标准语言，然而，不同民族文化的交际者在使用英语进行交际时，在语用习惯上仍存在很大差别。因此，参与交际的英语学习者在具体的场合应做到"量体裁衣"。例如，对于坦率、自信的美国人，与其交流的英语学习者的言语中应尽量避免用 might 等词语；对于办事讲计划、节奏不快的北欧人，与他们交谈时应放慢语速，用清晰详细的字句效果最佳；对日本人，面对不同级别的人时应注意使用不同的称谓；对重修养、讲礼仪的英国人应主动采用礼貌用语等。这些均为在跨文化交际中交际者应有的跨文化意识。可见，对文化差异具有敏感性对跨文化交际有着重要的意义。

二、在翻译教学中培养学生跨文化意识的方法

为培养学生的跨文化意识，教师应在训练学生掌握语言基本功的同时，帮助他们熟悉交际文化因素，并能够深入了解和掌握知识文化的内容。教师在翻译教学中通常会采用以下几种策略来处理翻译中的文化因素。

（一）重视文化知识

教师在进行翻译教学时，不应忽略文化知识要点的教学，要注意语言和文化知识的结合。课程结束时，教师要对语言知识和文化知识进行一个小结归纳，使学生的语言文化知识系统化。尤其应该注意的是，在期中和期末考试的试题中，文化知识的考核应占有相当的比例。

（二）运用灵活的教学手段

在进行英语翻译教学时，教师要灵活地运用各种教学手段，可采用英语实景电影纪录片、VCD或多媒体等直观教具进行教学，在教学结束后还要组织学生进行讨论。应提醒学生在看纪录片或VCD的时候，注意片中西方人日常生活的情景。例如，餐馆服务员和顾客对话、打电话时的习惯俚语、大街上相遇时的交谈等。看过之后，教师可以和学生交换意见，并通过追忆片景，相互提醒，补充片中的对白、旁白、独白等。这样的教学方式对学生获取基本交际文化知识十分有效。

（三）提高学生的阅读量

教师应根据各年级学生的英语学习程度，在教学中有选择性地、适当地引入一些英语国家出版的涉及这些国家文化内容的书籍、报刊等，将其作为学生的阅读材料，来拓展他们的文化知识面，深化他们对英语国家知识文化了解的程度。也可以让学生阅读短篇故事或剧本，要求他们记下其中有意义的文化细节等。事实上，在西方国家，以现实生活为题材的小说、剧本等材料中都包含了大量西方文化方面的内容，对于学生加深对其国家文化的了解很有帮助。同时，提倡学生阅读有关历史、人类学以及社会学方面的书籍，不仅可以帮助学生了解能够体现其他国家文化的具体实例，还能使其掌握一些与文化有关的概念与指导原则，而通常情况下，概念与指导原则往往比实例更为重要，因为它们会给学生提供一个合理的结构，借助这个结构，学生

可以更加细致、深入地对本国及别国的文化进行仔细考察。这样一来，学生也就可以用一种比较灵活的态度来尊重、对待这些文化差异，也就不会一味按本国文化的模式看待其他文化。除此之外，一些跨文化交际学方面的书籍可以帮助学生提高对文化差异的理解与认识，如《跨文化交际学概论》（胡文仲）、《超越语言》（胡文仲）、《中英（英语国家）文化习俗比较》（杜学增）、《英语习语与英美文化》（平洪、张国扬）、《跨文化非语言交际》（毕继万）、《从翻译史看文化差异》（王克非）等。

（四）合理运用外籍人士资源

合理运用外籍人士资源是指学校邀请外籍教师作为短期讲学者给学生讲课，或定期请外教、外国专家举办相关文化的主题或系列讲座的行为。部分学校常常会举办一些关于社会组织、价值观念、思维模式等有关西方文化方面的报告或讲座，这些活动常常被学生认为实例新颖、生动幽默、趣味盎然，在学生中受到广泛的欢迎，同时也因为这一做法投资少、效果佳，现在已经被证实是非常适合我国现阶段大部分地区高校实际的优选教学法之一。除此之外，大多数学校都十分鼓励学生与母语是英语的外国人进行个人交往，其原因在于轻松的个人间的交往有助于学生学到许多课堂上学不到的东西。但到目前为止，这样的交往在很大程度上受到各方面条件的限制，因此开展得不够普遍。

（五）将教学内容融入相关的文化

在教学中，教师应结合具体情境将教学内容融入相关的文化知识之中。教师可以利用课前几分钟，讲解英、美国家的有关知识，特别是文化差异方面的知识。例如，在4月1日，教师可以给学生介绍西方April Fool's Day的相关知识，同时也要告诉学生，这一节日的目的是彼此开心而不是搞恶作剧。在介绍Thanksgiving Day之前，教师可引导学生将自己了解到的感恩节内容与中国中秋节进行对比，然后指出尽管我们国家没有感恩节，可是我们也要对父母、朋友心存一份感恩之心。Christmas Day是英语国家最重要的一个节日，就像春节是中国人心目中最重要的节日一样，而且两者存在着许多共通之处，如圣诞大餐和除夕团圆饭，收送圣诞礼物和收送压岁钱等。在师生的热烈交流中，学生可以兴致勃勃地重温相应的一些单词、词组，例如Merry Christmas、Santa Claus、Christmas tree、jingle bells、make cards、wrap presents、get presents、give presents、eat turkey、the Spring Festival、lucky money等。

由于培养学生跨文化意识的方法多种多样，不同的执教者所采用的方法也不尽相同，所以取得的效果也就存在着差别。长期以来，国内外研究者对培养跨文化意识有效方法的探讨一直没有停止过。相信随着跨文化交际学、人类学、社会学、社会心理学和教学法等学科研究的发展，人们会探索出越来越好的培养跨文化意识的方法。

第三节 翻译教学中应注意的事项

一、技巧知识传授与理论知识讲解相结合

大学英语的翻译教学大都以教授翻译技巧和翻译知识为主要内容。但是，如果教师能把翻译理论融会贯通在技巧和知识的传授中，则会有助于学生在翻译实践中学会独立解决问题，通过理论分析克服实践中遇到的困难，认识翻译活动的基本规律，尽快提高自己的翻译实践能力。就非英语专业课程而言，大学英语精读课中的单句或段落翻译练习是基础阶段综合训练的一个非常重要的组成部分。大学生有一定的英语基础，又有较高的汉语修养，如果教师能在授课中增加一定的翻译理论指导，对学生稍作点拨，便会收到事半功倍的效果。

二、翻译能力与其他能力的提高相结合

翻译教学是包括理解与表达的教学，涉及英语的理解能力和汉语的表达能力。对学生翻译能力的培养，不应只依赖单方面的翻译理论及相关知识的传授和技巧的训练。听、说、读、写、译五种语言基本技能不是孤立的，而是相辅相成的。所以在语言教学中，培养翻译能力还要从诸多方面入手，通过加强词汇和语法教学，夯实学生语言学习的基础；通过精听、泛听、精读、泛读训练增加学生的语言输入，为语言输出做好质量上的前提准备；通过加强中、西方文化的对比分析，培养学生语言学习和运用中的文化意识，提高文化素养。

三、阅读的"面"式教学与翻译的"点"式教学相结合

翻译教学与阅读教学有着紧密的联系。阅读和翻译对理解的要求不尽一致，对阅读的要求是理解准确率不低于70%，而对翻译准确率的要求则是100%。因此翻译教学以阅读教学为基础，翻译教学经常融于阅读教学中。在阅读教学中进行点式翻译教学，对于阅读教学的深化大有裨益。阅读教学中一部分学生不求甚解，对难句、关键句或难度较大的段落含义不甚清楚，因

而要通过翻译表达的反作用,加深学生对原文的理解,进而完全消化吸收。翻译教学有机地融于阅读教学过程中,作为阅读教学过程的一个环节,也将传统的语法翻译教学法与现代的交际教学法有机结合起来,使之相得益彰又各取所需。

四、英语理解的准确性与汉语表达的审美性相结合

尽管大学英语翻译的教学和测试标准主要是考查学生的准确理解力,但表达的问题也不可忽略。表达水平直接反映对原文理解的程度和翻译的质量。理解的程度只有凭借表达,才能得以显现。虽然大学英语教学对翻译教学在语言形式上要求并不很高,但翻译作为一种语言活动必然涉及审美问题。在翻译过程中,审美意识是一种积极主动的心理活动。对翻译语言进行美学上的评价和欣赏,必须把语言所表达的思想感情内容与语言形式统一起来,把语言表达与交际语境统一起来,才能对文本语言做出恰当的审美判断并获得美感。语言审美包括语音、文法、修辞等方面。在翻译教学实践中,学生自身因忙于做抽象的词义及语法分析而忽视语言审美,教师需要在讲授翻译知识和技巧时,注意唤醒学生的审美意识,引导学生在理智分析语义的同时,联系具体语境中的语言形式、交际场合、交际目的等诸多因素,进行具体或整体的感性理解。要说明的是,大学英语翻译教学毕竟不同于其他类型的翻译教学,审美意识的渗透和培养要适时适量,不可喧宾夺主。翻译教学作为大学英语教学的一个重要组成部分,应当予以充分重视。本节简要分析了翻译教学中的一些现存问题及应注意的几个环节。另外,教师应更深入地钻研教材,更合理地设计教学方法,学生也应端正对翻译的学习态度,积极配合教师,扎实、勤谨地进行翻译练习和实践,以达到教学互动、教学相长之境界,使自己的实际翻译能力和水平得到实质性提高。

第四节 翻译理论在翻译教学中的实践应用

翻译理论的重要性更体现在它对翻译实践的指导意义上。古人云:"凡事须由其途,得其法,方能终其果。"英汉互译自然也需要科学理论的指导,此处的理论其实就是翻译实践的必由之路和原则法度。"翻译实践水平的提高,不能依靠提高劳动强度,只能依靠与自然科学和社会科学水平相适应的理论指导。"翻译理论的启蒙性、实践性与指导性不容我们忽视对其基本理论的传播。另外,翻译理论也能促进翻译教学水平的提高。深刻参透新的翻译理论,必然会拓展教师的专业视野,丰富教师的专业知识。这些新的理论经由教师

的筛选,融入翻译教学,进而指导学生的翻译实践,必将更快、更有效地为国家培养翻译人才。

一、关联理论与翻译

(一)关联理论

语用学家斯伯博(Sperber)和威尔森(Wilson)综合认知科学、语言哲学和人类行为学的研究成果创立了关联理论,不仅在语用学界反响强烈,对语言学、文学、心理学、哲学等领域也产生了一定影响,对翻译研究也同样具有积极的意义。他们的学生格特(Gutt)运用关联理论对翻译进行了专门研究,并在《翻译与关联:认知与语境》一书中进一步发展了关联理论,阐述了他对翻译研究的启示,提出了一种全新的关联翻译理论,为翻译研究开辟了新的领域。

关联理论认为,若文本话语的内在关联性很强,则读者在阅读中无须付出太多推理努力,就能取得好的语境效果(语境含义或假设);反之,若文本话语的内在关联性很弱,则读者在阅读过程中需付出较多推理努力,才能取得好的语境效果。从文本的创作或翻译看,好的文本或译本并不是要向读者提供最大的内在关联性,而是要提供最佳的内在关联性。从文本或译本的解读看,读者理解话语的标准就是在文本话语与自己的认知语境之间寻求最佳关联,而不是最大关联。

这里的最佳关联就是用最小的推理努力,取得最大的语境效果。文本的内在关联性往往与文本的创作意图、社会功能、写作风格和文体色彩等有关。例如,以信息功能为主、含义单一明确的实用文体,往往提供较清楚的内在关联性,读者很容易直达其意;而意境深远、蕴含丰富的文学作品,其内在关联性较为含蓄,为读者留下丰富的想象和推理空间。但无论文本的文体、风格或功能如何,都应该设想为读者提供最佳的内在关联性,才能使读者从文本话语中获得最大语境效果。

关联理论是以认知和交际为基础的。在关联理论中,关联性被看作输入到认知过程中的话语、思想记忆、行为、声音、情景、气味等的一种特性。语境则是一个心理结构体,它存在于听话者头脑中的一系列假设,包括:

第一,上下文,即在话语推进过程中明白表达出来的一组假设;

第二,会话含意,即按照语用原则推导出来的一组假设;

第三,百科知识,即涉及上述两类假设中相关概念的知识或经验。

任何一个交际行为都是明示—推理的过程。听话人为了理解说话人的意图，必须根据关联理论把对方具有最佳关联性的言语刺激以及当时的交际情景当作信息输入，并从记忆中提取相关的百科知识与之匹配（即做出语境假设），在大脑中枢系统中采用演绎规则对它们进行综合加工（付出一定的努力），最终获得语境效果。因此，话语理解的过程就是通过语境进行推理的过程。翻译的本质也是一种言语交际活动，原作作者与译者构成交际双方，译者和译语读者（接受者）又构成交际双方。原作中的每一个语句、每一段话语对译者而言即是明示刺激，这种明示刺激或明示性话语就是一组语境线索，译者在这种言语刺激作用下，就会激活其认知语境，利用词汇知识、逻辑知识及百科知识寻找关联，进行推理，推导出作者的意图，进而理解原文。另外，译者要将自己的理解传达给接受者，就要调用译入语方面的认知语境，尽量将原作内容和形式忠实地表达出来，使译文符合接受者的期待。因此，关联理论框架下的翻译就是一种对原语进行语内或语际阐释的明示—推理活动，这种明示—推理活动要依靠语境实现。

关联理论认为语境不是在话语生成之前预先确定的，而是听话者在话语理解过程中不断选择的结果，它会随着交际过程的发展而不断发展和变更。语境是一系列假设，是一个大范围的概念，在话语理解的过程中也使那些最为相关的语境被激活，通过推理做出判断。要使交际成功，就要寻找话语与语境之间的最佳关联，也就是要找到对方话语同语境假设的最佳关联，通过推理推断出语境暗含，最终获得语境效果。制约相关性的两大因素就是语境效果与推理努力。语境效果大，推理时所付出的努力小，关联性就强，反之亦然。由于认知语境是因人而异的，对同一话语的推理往往也有不同的暗含结果。比如在朋友家聊了一段时间后，起身准备离开，这时天正下着雨，朋友说："在下雨呢。"如果朋友是坐着说这句话，根据已有的认知语境，即"下雨时主人常留客人"，结合朋友的话便可以得出结论：主人要留客人。但是，如果朋友一边递给客人一把伞，一边开门说这句话，客人就要调整认知语境，搜索有关的信息：朋友大概有事，主人为客人开门常有送客之意，下雨出门可以打伞。根据这一组信息，结合朋友的话，就可以推出结论：朋友至少不反对客人离开。因此，话语理解的过程实际上就是不断激活相关语境，寻找关联，进行推理的过程。

翻译的本质是一种交际活动，译者扮演着信息输入（对原作的理解）和输出（言语产出）的双重角色。不同的译者有着不同的认知语境，同一个译者处在不同的时间、地点也会有不同的认知语境。在翻译过程中，译者必须依赖语境，从原作的言语或语句的刺激中寻找最佳关联，再把这种关联传递给译语读者，也就是说译者把自己的理解传递给译语读者。由于译者的认知语境是动态的,加上不同语言构成的语篇或文本受不同语义、文化等诸多因素的制约,译文不可能完全对等于原文。也就是说,翻译是动态的、波动的。那么,是否说翻译的这种动态和波动性就使译文无章可循了呢?不是的。有专家认为,翻译的成功取决于相关因素间的趋同。趋同与趋异是相对的两个概念。"翻译的成功"指的是翻译的效度,它与趋同度成正比,与趋异度成反比。即趋同度越高,则趋异度越低,翻译的效度就高;反之,趋同度越低,则趋异度越高,翻译的效度就低。所以,要提高翻译的效度,必须尽量使译文向原文趋同,以提高翻译的信度和质量。

(二)关联理论在翻译教学中的作用

关联理论对翻译教学有很大启示,它首先告诉人们,要翻译,先要理解原文。根据关联理论,要准确无误地理解原文的语境,根据语境做出认知假设,找出原文与认知假设间的最佳关联,从而理解原文语境效果。寻找关联要靠译者的百科知识、原文语言提供的逻辑信息和词语信息。因此,寻找关联就是认识推理的理解过程。更为重要的是,翻译是作者—译者—读者三元关系,原文作者和译者的认知环境不同,作者力图实现的语境效果同译者从原文和语境中寻找关联而获得的语境毕竟是两回事。这样一来,原文信息和译文传达的信息就不可能完全对等,翻译只能做到"达义""对体""求形"。所谓"达义",就是正确地表达原文的意义,意义是交际的核心内容,意义的篡改、歪曲,谈不上是在翻译,只有准确无误地表达原文的意义才是翻译的首要任务。无论是明说还是暗含,意义的语码转换是可行的。"意义"包括两方面的意思,一个是"意",一个是"义"。"意"是指意图,原文作者的意图,翻译就是译意。有人因不知道"eat no fish"和"play the game"分别是典故和习语,而按字面译成"他一向不吃鱼而且经常玩游戏"。其实"eat no fish"出自一个典故,指英国伊丽莎白女王时代,耶稣教徒为表示对政府忠诚,拒绝遵守反政府的罗马天主教徒在星期五只吃鱼的习俗。因此,"eat no fish"(不吃鱼)是表示"忠诚"的意思。"play the game"和"play fair"(规规矩矩地比赛)同意,由此转译为"公平对等""举止光明正大""为人正直"等。"对体"是指文体和体裁。在翻译中,两种语言的体裁要相吻合,诗歌绝不可译成散文,戏剧绝不可译成小说。也应该注重语体和文体,Martin Joos 的"五只时钟"理论对翻译很有参考价值。前几年报纸杂志中常将"争夺世界霸权"一语译成 to scramble for world hegemony,但是"scramble"是一个十分正式的口语词,不适用于政论文体。英国作家 Felix Greene 认为,当"scramble"表示"竞争"的意思时,多半用于描述诸如孩子们争夺一块巧克力时乱作一团的情景，在严肃的场合倒不如中性的 struggle 更为得体。所谓的"求形"，是指两国的文化具有差异，语言表达的形式不可能全部一致，只能做到有者同形，无者异形，译文应符合本国语言的习惯。例如，英语的习词 One boy is a boy, two boys half a boy, three boys no boy 可译成汉语谚语"一个和尚挑水吃，两个和尚抬水吃，三个和尚没水吃"，但 He was like a drowned rat 不可译成"他湿得像老鼠"，而应译成"他湿得像落汤鸡"。

综上所述，关联理论对外语教材的编写、词汇的记忆、阅读理解教学、翻译等有着十分重要的借鉴作用，语言教师应学点语言学，改进教学方法，掌握教学技巧，培养更好的人才。

二、认知语言学意义观与翻译教学

（一）认知语言学意义观

传统的意义观主要包括指称论、使用论、行为主义论、真值条件论、概念论、成分论等。这些意义观是四种主要语言学范式的意义观的具体体现，即传统哲学、对比语言学、结构主义语言学和转换深层语法。这四种语言学范式虽有其不足之处，但都属于客观主义语言学范畴。Lakoff 曾严厉地批判了这一语言学范畴。他指出客观主义语言学对于意义的核心观点是语言是对现实世界的直接的镜像反映，意义来自语言本身，现实世界可以通过语言的意义得到准确的理解。由此得出描述同一场景的不同表达具有相同的意义，因为它们反映的是同一场景，如同一源语表达"玛丽把杯子打破了"既可以翻译为 Mary broke the cup，也可以译为 The cup is broken by Mary，因为两种译文反映的都是"玛丽把杯子打破了"这一场景。

然而，认知语言学则与客观主义语言学持明显不同的观点，它认为意义不是来自语言本身而是来自对体验的理解。语言仅仅只是起激活意义的作用，语言与意义之间是导引与被导引关系。而意义就是概念化。具体地说，意义存在于人们的大脑中，而不是语言中，语言的作用只是激活意义和其所属的概念框架。意义或概念化存在于现实世界和概念结构之间的人类认知过程的结果，而认知过程是指人类识解现实世界的过程。因此，意义或概念化是人类用识解方式感知和体验现实世界过程的识解结果，每一层意义不仅包括具体的概念内容，还含有相应的识解方式。正如 Langacker 所指出的，语言意义应该由概念内容和识解构成，一种有挑战性的意义观尤其不能忽视后者。由此可知，能够激活相应概念框架中的某一意义的表达必定反映隐含在意义中的某一识解方式。换句话说，某一具体语言构造的使用事实上赋予了所构造的场景某一具体的意象。因此，根据认知语言学的意义观，可断定上段中所给出的例子中的论断是不合理的：尽管"玛丽把杯子打破了"的两种英文翻译可以激活同样的概念内容，但是译文 The cup is broken by Mary 不能激活与源语表达一致的识解方式，因此改变了源语表达的意义。

另外，为了说明认知语言学的意义观，句子尤其是被动句常常用来作为说明例子。在此，必须指出这一做法大大局限了普通读者对认知语言学语义观的理解，甚至会使其误认为认知语言学语义观只适用于句法层面。事实上，词汇和句法都可用来例示这一意义观，因为两者之间没有明显的区分。Langacker 指出词和句子形成了一个符号元素的连续体。这就意味着词和句法都是语言构造，都可以构造该概念或场景，赋予概念或场景识解方式。名词属于词的范畴，由此可推导出指称每一个指称概念的名词实际上都体现了相应的识解方式，以下将以认知语言学意义观为指导具体探讨名词的翻译教学问题。

（二）认知语言学意义观对名词翻译教学的启示

在具体名词翻译教学过程中，教师首先需结合认知语言学意义观探索出具体的名词翻译原则，然后在此原则的指导下以引导的方式与学生探讨具体名词的翻译。

如上所述，意义由概念内容和识解方式构成，译者在用某一名词激活某一意义的同时也是在选择某一意象、构建某一场景，而翻译的性质又是在目的语中再现源语的意义。据此，可以认定翻译名词的原则，即名词翻译应该以认知意义为导向，即意义的概念内容和识解方式都应该在目的语中再现。然而，词本身所具有的特点使得这一名词翻译准则的具体实施困难重重。首先，与句子相比，词虽与句子构成一个连续体，两者没有明确的界限，但是词在结构上比句子稳定，而句子较灵活，更具有兼容性以及词无法可及的优点。比如英语句子 His disappointed feelings became the object of her compassion，孙致礼就充分利用句子的灵活性，把其译为"他的沮丧情绪也引起了她的同情"。显然，原句的意义在译文中得到了很好的再现，因为原句的识解方式和概念内容在目的语中得到实现。然而，如果根据本文所提出的翻译原则把名词"paperclips"直接译为"纸针"的话，其后果可想而知，虽然原词的识解方式在目的词中得到再现，但是人们无法理解"纸针"为何物。另外，人们所涉及的名词都已经深深扎根于汉英两种语言中，因为这些名词所指称的名词性概念主要来自人类所共有的基本领域，如衣食住行等，这就意味着这些概念汉英两种语言都存在并且都有自己约定俗成的词汇表征。因此，如果按照上述翻译原则把汉语名词直接翻译到英语里，结果就会是：虽然原词所激活的概念内容和识解方式在英语里得到体现，但有可能在英语里无法激活与在汉语里一样的概念，甚至会导致误解，反之亦然。因为汉英两种语言在概念化同一实体时所采用的识解方式完全不同，自然无法激活同一概念。如"床头柜"，如果根据上述翻译原则把其译为 bed-head cabinet，就很有可能在英语读者头脑里激活的是像衣柜那样的实体，而不是摆在床边的小桌子。因此，以上提出的名词翻译原则只是描述了一种理想状态，考虑到原语意义的成功传递和目的语读者的理解两个因素，名词翻译原则应进一步修正为：在翻译名词时，译者首先应该尽量在目的语中再现源名词的概念内容和识解方式，若无法达到两者的同时再现，译者应该舍弃源名词的识解方式，而选择与目的语一致的识解方式。基于以上观点，以下将探讨概念共享情况下的名词翻译教学及概念缺失情况下的名词翻译教学。

1. 概念共享下的名词翻译教学

汉英在词汇表征同一名词性概念时存在两种情况。第一种情况是同一名词性概念在汉英两种语言中都有词汇表征，且汉英词汇表征体现相同的识解方式。这种情况的名词翻译策略为：如果源名词所表征的概念为汉英两种语言所共有，且在目的语中由体现相同识解方式的词来表征，那么源名词所激活的概念内容和识解方式都应在译文中体现出来，如概念 bookshelf 在汉语里词汇表征为"书架"，该词体现了功能视角识解方式，即该词所表征的实体是用来放书的。而在英语里，该概念词汇表征为 bookshelf，其所激活的识解方式与"书架"一样。因此，英译"书架"时，其所激活的概念内容和识解方式都应在英语中得到再现，翻译为 bookshelf。由于这种名词翻译方法沿用了源名词的识解方式，所以把其命名为传承法。第二种情况则是名词所表征的概念为汉英两种语言所共有，但在两种语言中分别由其约定俗成的词汇表征，即源名词所表征的概念为两种语言所共有，但目的语中表征此概念的名词体现不同的识解方式。由于两种语言采用了不同的识解方式，如果硬要在目的语中再现源名词的概念内容和识解方式，其结果只会是在目的语读者头脑中无法激活同一概念内容。因此，为了激活同一概念内容，只有舍弃源名词的识解方式以适应目的语中已经存在的识解方式。如一种发型在英语中表征为 afro，其体现了转喻的识解方式，即整个范畴被用来指代这一范畴所特用的特征。

而在汉语中此概念表征为"爆炸头"，其体现的是隐喻识解方式，即头发的形状与爆炸时的情景很相似。当汉译 afro 时，如果把其包含的识解方式保留在汉译译文中而将其译为"非洲"，那么很有可能无法在汉语读者头脑中激活"发型"这一概念。因此，汉译 afro 时，应该在汉语目的语中选择体现相同识解方式的词，如"爆炸头""蜂窝头"以及其他体现类似的隐喻识解方式的词。鉴于此种翻译方法涉及参照目的语中的识解方式，把其命名为参照法。

2. 概念缺失下的名词翻译教学

以上主要在阐释翻译性质和认知语言学意义观的基础上提出了名词翻译原则，并在此原则的基础上提出概念共享下的名词翻译策略，即传承法和参照法。下面主要运用这两种翻译策略来探讨概念缺失情况下的名词翻译，以期能为以后相关名词翻译提供翻译依据，并为评价已有的名词翻译提供评估标准。概念缺失是指源名词所表征的概念是源语所独有的，在目的语中不存在这一概念。这种情况下的名词翻译方法则为传承法和参照法的结合，即参照与原概念所在的原框架相似的目的框架中相关概念的识解方式，然后决定是否传承源名词所激活的识解方式。例如"毛笔"所表征的概念是汉语所独有的，英语则无此概念，但是英语中有 quillpen（羽毛笔）、steelpen（钢笔）和 leadpen（铅笔）等概念，其与源名词所表征的概念处在同一框架下，即 pen（笔）框架。那么翻译"毛笔"时，就需参照原概念的识解方式。如果原概念的识解方式与相关目的概念的识解方式一致，那么原概念的识解方式就在目的语中得到传承。例如概念 quillpen（羽毛笔）、steelpen（钢笔）和 leadpen（铅笔）分别表征为 quill pen、steel pen 和 lead pen。这些名词表征表明英语是从质地材料视角来概念化相关实体的。而汉语表达"毛笔"也反映了相同的质地材料视角识解方式。因此，"毛笔"可翻译为 hair pen。这样，不仅原概念中的识解方式在目的语中得到再现，而且也便于目的语读者的理解，因为目的语读者可以通过人类普遍存在的识解方式即类比思维方式来理解 hair pen。

通过类比，目的语读者可推导出 hair pen 与 quill pen、steel pen、lead pen 一样，也是一种笔，与其不同的是前者的笔尖是用毛做的，后者的笔尖则分别是用羽毛、钢、铅做的。鉴于此，可试做评价，即前人把"毛笔"英译为 brush pen 这一做法是值得商榷的。此外，如果原概念的识解方式与目的语相同概念的识解方式不一致，那么应该适应目的语中的识解方式。例如，contact lens 所表征的概念起初是英语所专有的，英语里突显的是眼睛和镜片之间的距离。在汉语里，则表征为"眼镜""墨镜"等。从这些词汇表征可知汉语主要从镜片位置或颜色来识解这一实体。为此，可以参照这两种视角识解方式把 contact lens 翻译为"眼内镜"或"隐形眼镜"。与此同时，还存在另一种情况，即目的语中不存在与源语所特有的概念处在相同或相似框架下的概念，也就是不存在参照的可能性。例如英语中就没有概念与汉语概念"阴"

和"阳"处在同一框架下。对于这种情况,只能在目的语中完完全全地再现原语的识解方式,如将"阴"和"阳"译为 yin 和 yang。

综上所述,翻译是指在目的语中再现源语的意义。根据认知语言学的意义观,意义就是概念化,由概念内容和识解方式构成。在此基础上,人们提出了名词翻译原则:在翻译名词时,译者首先应该尽量在目的语中再现源名词的概念内容和识解方式,如无法达到两者的同时再现,译者应该舍弃源名词的识解方式,而选择与目的语一致的识解方式。在该翻译原则的指导下,人们提出了名词翻译的三种策略,即传承法、参照法以及传承参照结合法。传承性翻译策略是指源语名词所表征的概念为两种语言所共有且此概念在目的语中也体现相同识解方式的词汇,翻译时源语名词所表达的概念与体现的识解方式在目的语中同时获得再现。参照性翻译策略则指源语名词所表征的概念为两种语言所有,但源语名词表达的概念在目的语中是以不同识解方式得以表征的,翻译时则采用符合目的语识解方式的词语。传承参照结合法则指参照与原概念所在的框架相似的目的框架中相关概念的识解方式,然后决定是否传承源名词所激活的识解方式。

(三)翻译教学中认知语言学的意义观与译者主体性

传统意义观根植于客观主义,认为意义是客观存在的,每个句子都有一个客观意义,这个意义并不关乎任何一个人,而是独立存在的。而现代意义观的哲学基础是经验现实主义,认为没有独立于人的认知以外的所谓意义,语言符号不是对应于客观外部世界,人的认知参与了语言的意义和推理。因此,人们说意义不能独立于人的认知以外而存在,而这也同样适用于隐喻的意义。王寅在分析隐喻的工作机制时认为,同一种语言和文化中的交际双方共享的语境知识、文化因素、常规模式等因素是隐喻得以实现其交际价值的基础。在这个基础上隐喻意义才得以形成和识别,即双方达成对某隐喻意义的共识,这样隐喻也才获得其存在的可能,才会具有生命力。但是他同时指出人的认知能力是有差别的,这会导致对隐喻理解的偏差。从跨文化交际的翻译角度来说,这种偏差是大量客观存在的。不同文化背景的目的语读者能否通过翻译来感知到源语中作者要表达的隐喻意义,无疑是检验翻译质量的一个重要标准。翻译是一种语际交流,是一种跨文化交际,也是意义通过译者从作者向目的语读者传递的过程。传统翻译观认为译者居于从属地位,是原作者和读者之间的隐形人。解构主义颠覆了这一想法,认为译文不再是原文的附庸,从此,译者在作者和读者间逐渐开始显露其存在和作用。

20 世纪 70 年代,翻译界出现文化转向也在一定程度上凸显了译者的主体性。"译者从被动、从属的地位中解放出来,享有翻译主体的充分自由,使平等对话与创译成为可能,译者也因此能突显个人的意志,张扬个性,发挥译者的主观能动性。"但是谈译者的主体性并不意味着译者可以任意妄为。译者的主观能动性必须是建立在客观文本的基础之上的,也必须以译者本身的认知结构为依托,并体现作者的认知结构和对目的语读者认知能力的预测。无论译者在翻译过程中体现怎样的个人意志,采取怎样的翻译策略,译者主体性所起到的作用最终还是为传达意义,即为跨文化交际这一目的服务的。也就是说,译者既要面对原作者、原作,又要面对读者,考虑到读者在自身文化中的接受能力。宗教词汇隐喻的翻译对译者提出了较高的要求,译者需以传达意义为目的,力求在源语和目的语以及两种文化之间取得完美的平衡。

三、认知语言学翻译观与翻译教学

(一)认知语言学翻译观

认知语言学的翻译观认为,"翻译是以现实体验为背景的认知主体所参与的多重互动作用为认知基础的,读者兼译者在透彻理解源语语篇所表达的各类意义的基础上,尽量将其在目标语言中表达出来,在译文中应着力勾画出作者所欲描写的现实世界和认知世界"。认知语言学的翻译观强调体验和认知的制约作用,重视作者、作品和读者之间的互动关系,追求实现"解释的合理性"和"翻译的和谐性"。认知语言学建立在体验哲学的基础上,用认知语言学的视角去审视翻译,相比传统的以文本为中心的翻译观和传统语言学的翻译观,它突出了主体认知活动在翻译中的表现。这是有关翻译活动的一个本质现象,却一直以来在翻译研究中未能得到足够的重视。同时,相比解构主义、阐释学和文化学派的翻译观等强调译者(即解构者或阐释者)本身的视域、经验和立场等主体性因素在翻译活动中的发挥,认知语言学的翻译观提出要发挥体验和认知对主体性因素的制约作用。

认知语言学的翻译观一方面承认认知活动对翻译的决定作用,即译文是体验和认知的结果,一方面又指出译者作为认知主体之一应受到其他参与翻译活动的认知主体间互动的制约,翻译时应"创而有度",而不是"任意发挥",因而它是一种追求平衡的翻译观。换言之,认知语言学的翻译观承认并描述了认知活动在翻译行为中的客观存在,同时又提出译者必须尽量重现原文所表达的客观世界和认知世界;它既是看待翻译活动的一种新的整合性视角,又从认知的角度提出了翻译活动的标准。鉴于翻译教学的对象是未来的译者,而认知语言学直接关注译者认知活动的过程,强调主体的体验性和创造性，重视认知所产生的结果，用认知语言学的视角去审视当前的翻译教学，将会有助于翻译研究者和教师在与翻译教学相关的一些问题上有新的发现，如课堂教学的具体目标、模式，翻译教材的选择和使用的标准等。认知语言学的翻译观可以为翻译教学提供一种有效的理论模式和支持，以下将以认知语言学翻译观为指导，具体探讨文化意象的翻译教学问题。

（二）认知语言学翻译观对文化意象翻译教学的启示

在具体文化翻译教学过程中，教师首先需结合认知语言学翻译观探索出具体的文化翻译模式和文化意象翻译模式，然后在两种模式的指导下以引导的方式与学生探讨具体文化意象词的翻译。

1. 对文化翻译模式的启示

一个社会的文化是这个社会成员所共有的。它的形成建立在社会成员对客观世界的体验的基础上。为此，它必然与其他文化在某些方面具有相似性，这使得不同文化间的交流和翻译成为可能。在当今的跨文化交际中，译者是文化间的协调者。

然而，在体验客观世界的过程中，团体成员不是镜像直接反映外部世界，而是与外在世界互动。互动要求人类充分发挥其主观性来识解现实世界。同时，也是由于人的主观性，使得其识解结果存在差异性。也就是说，在感知同一认知对象时，人们由于自身体验的差异性，会有不同的认知结果。文化当中的这种差异性充分体现在文化意象中。以"熊"和"老虎"为例，"熊"在中国文化里被识解为"可爱"和"和平"，而在西方文化中却被识解成"懒惰"和"肥胖"。"老虎"在中国文化中被识解为"虚假"和"丑陋"，但在西方文化中就成了"强大"和"快捷"。

2. 对文化意象翻译的启示

传统上，异化与归化是翻译文化意象的两种主要的翻译策略。韦努蒂认为，异化翻译指通过打破目的语中惯用文化编码以保留外语文本的异域性。这意味着在进行文化意象翻译时，源文化意象应该保留在译文中，尽管这可能违背了目的语的文化编码。显然，异化翻译策略只考虑了源文化或作者的因素，而没有考虑目的语文化或读者的因素。然而，归化策略恰好与异化策略对立，它主张翻译中采用符合目的语表达规范的自然流畅的语言风格，最大限度地淡化原文的陌生感，尽可能使原文所表达的世界与目的语文化读者的世界相近，使作者靠近目的语读者。这种翻译思想在奈达主张的"动态对等"或"功能对等"观点中得到充分体现。奈达指出动态对等翻译旨在达到表达的完全自然性，并试图把接受者与其自身文化语境下的相关行为准则联系起来。在进行文化意象翻译时，就意味着源文化意象应该被消除，因为其对于目的文化来说具有异域性，违背了目的文化的行为准则。显然，归化翻译策略只关注目的语文化或目的语读者的因素。因此，可以说归化和异化翻译策略都具有片面性，它们相互排斥，是两种极端的做法，都不适合当前跨文化交际环境下的文化意象翻译。然而，认知语言学的翻译观在某种程度上弥补了这种缺憾，提出了翻译的和谐性。为了实现文化意象翻译的和谐性——文化意象的有效传递和理解，作为文化协调者的译者必须进行翻译中各个因素之间的互动，即要充分考虑源语文化、作者、目的语文化、目的语读者等因素。根据翻译的认知语言模式，译者以其个人经验或百科知识为基础，首先需要识解源语文化意象。而要感知源语文化意象，作为协调者的译者还必须了解文化意象的基础，即源语文化。但是一个文化意象在一种文化中可能有几个相似或不同的含义。这就需要译者通过与源语语境或作者意图进行互动以推敲出某一具体文化意象的"独立于语境的原型含义"。比如，在中国文化中，文化意象"龙"有"神圣""权威""高贵的性质""成功""能力""雨水"等相似或不同的文化含义。译者就需要通过识解具体的语境和作者的意图来确定"龙"的具体含义。如"望子成龙"中的"龙"就应该识解为"成功"或"能力"。又如文化意象"竹"，在中国文化中有"事情发展得很快""正直的性格""冷静的心态"等文化含义。如中国著名诗人欧阳修的诗句"竹色君子德，猗猗寒更绿"的"竹"就应识解为"正直的性格"这一文化含义。另外，译者应该与目的语文化或读者互动，必须考虑如何使用符合目的语文化编码和语言规则的语言来表达其识解结果，从而使目的语读者较容易地理解译文。译者作为文化的协调者，应该思考采取什么样的方式既能有效地在译文中传递源语文化意象和含义，又能便于目的语读者的理解，从而促进源语文化与目的语文化之间的有效交流，最终实现翻译的和谐性。

根据上文对异化翻译策略、归化翻译策略和认知语言学翻译观的探讨可知，异化和归化这两种翻译策略应该在翻译中适当地结合，两者应该是可相互兼容的组合关系而不是相互排斥的聚合关系。人们把这种处理方法叫作"融合"策略，即文化意象翻译的"融合"策略。

3. 案例分析

基于以上所论述的文化意象翻译的"融合"策略，教师可结合一些典型的文化意象词来探讨文化意象词的具体翻译。在具体翻译过程中，教师在文化意象翻译模式的指导下，先引导学生去分析该文化意象词在源语文化中的文化含义，然后引导学生去分析目的语文化中在表达同一含义时是否使用相似的手段。如果不是，就要提示学生采用"融合"策略思想思考出既能体现源语文化含义又能便于目的与读者理解的具体翻译方法。

例1：

a. 她是我们学校的"林妹妹"。

b. Poor Charlie! Of all the girls in the world, he should have fallen in love with the daughter of a Judas!

原文 a 中，众所周知，"林妹妹"是中国四大名著之一《红楼梦》中的女主角。这一人物以其多愁善感和精致的美而出名。在中国文化中，提到"林妹妹"这一文化意象，人们就自然会联想到多愁善感和精致美的特质。但是英语文化环境中没有这一意象，如果译者根据异化翻译策略直接将例句 a 译为：She, in our school, is called Cousin Lin。目的语文化中的读者将无法理解"Cousin Lin"究竟指的是什么，如果对方不能理解，那么文化传递和促进双方文化交流将无从谈起。根据归化翻译策略，可以这样翻译：She is famous for her sentimental and delicate beauty in our school。毫无疑问，这一译文符合目的语的表达习惯，也便于目的语文化读者的理解，但是"林妹妹"这一文化意象在译文中消失殆尽，结果也没有达到传递文化意象和促进文化交流的目的。而根据融合翻译策略，例句 a 则可以译为：She, in our school, is called Cousin Lin, a sentimental and delicate beauty。这一翻译策略既达到了传递文化意象"林妹妹"的目的，又便于目的语文化读者的理解。因为译文保留了文化意象"林妹妹"，同时又把其文化含义用适合目的语文化编码和语言习惯的语言在译文中展现出来。这样，目的语读者读到"林妹妹"这一文化意象时可能会感到陌生，难以理解，但当其读到"a sentimental and delicate beauty"时，就自然会把其与"林妹妹"联系起来，从而最大限度地理解"林妹妹"这一文化意象，最终达到促进文化交流的目的。因此，可以说，融合翻译策略比归化或异化翻译策略要更适合当前跨文化交际的形势。另外，人们也看到，这一策略实际上是归化和异化两种翻译策略的有机结合。通过异化策略在译文中保留了源语文化意象，同时通过归化策略使用符合目的语文化编码和语言规则的语言把文化意象的含义在译文中表达出来。例句 b 中，Judas 在《圣经》中是一个背叛耶稣的信徒。现在这一文化意象常常与叛徒联系在一起。那么根据融合策略，例句 b 应译为：可怜的查理！世界上有那么多女孩，他却爱上了一个像犹大那样一名叛徒的女儿。

以上结合实例对融合策略这一概念及其操作进行了较为详细的阐释，以下将用此策略对一些已经存在关于文化意象的译文进行分析。

例2：

a.Mrs Smith is a perfect cat.

史密斯太太是个地地道道的长舌妇。

b.The planners were busy by passing the Gordian knot.

计划者为躲避戈尔迪结，而忙得不可开交。

例句 a 和 b 是归化和异化翻译的典型例子。在译文 a 中，源文化意象完全消除；而在译文 b 中，源文化意象完全保留下来，但不利于目的语读者的理解。因此，从促进文化有效交流的角度考虑，以上例句应分别译为：

a. 史密斯太太似猫，一个十足的长舌妇。

b. 计划者为躲避棘手的戈尔迪结事件，而忙得不可开交。

结合上面的实例分析，学生可能会产生以下两个疑问。一是为什么融合策略能够确保文化之间的成功交流。通过融合策略翻译的译文，如把"Mrs Smith is a perfect cat"中的"perfect cat"译为"似猫，一个十足的长舌妇"，仍然不能有效地促进文化之间的有效交流，因为目的语（中文）读者不知道 cat 在源文化中有"多嘴"等信息。这种考虑有一定道理，但实属多虑。此时，教师可以在认知推理互明模式的指导下对此问题加以解释。因为融合策略符合人类的认知推理互明模式。Sperber 和 Wilson 认为在交际中交际双方或观众没必要提前知道一些假设，当新信息出现时，他们会根据明示刺激物自行调整语境假设。也就是说，只要假设对对话者是明示的，交际就可以顺利进行。因此，虽然上文中的文化意象 cat 在英语文化中的含义，目的语读者预先不知道，但是通过融合策略，其文化含义已经得到明示，读完译文，目的语读者可能会感叹道："哦，原来在英语文化中，cat 有'多嘴'等含义。"然后，根据这一新信息自行调整自己已有的关于 cat 的假设，继续阅读和理解译文。因此，通过融合翻译策略翻译的译文不会给读者带来理解上的困扰，成功的跨文化交际也就得以实现。二是学生还有可能会问这个策略可否用来处理所有相关翻译问题，即融合策略是否具有普适性。教师可告诉学生，每一种理论都有其适用范围，这属于认识论上的问题。融合翻译策略也是一样，其并不企图取代文化意象的其他翻译策略，但主张在当今跨文化交际中翻译文化意象应首选融合策略。全球化环境下，文化间的交流越来越密切，交际中的每种文化都享有平等地位，都应得到应有的尊重。因此，交际中任何一种忽视甚至消除体现他者文化因子的行为都是不明智的。翻译作为不同文化交际的主要手段，是人们了解他者文化最重要的手段之一，也是他者文化容易被忽视的薄弱地带。自 17 世纪以来，西方翻译史上一直都是归化翻译占主导地位，尤其是在英国，究其原因，就是深藏在背后的民族中心主义的意识形态在作怪。他们在翻译中任意消除不符合其文化模式的他者文化因子，这就是"文化霸权"的具体体现。为了抵制这一现象，韦努蒂提出了异化翻译策略。他认为源文化中异质的东西应该在目的语中保留下来。但是韦努蒂通过异化策略号召外国文化应得到与本国文化平等待遇的同时却走向了另一个极端，即他忽视了目的语读者。显然，这些翻译策略都不符合当今跨文化交际的形势。当今世界，和平与发展成为两大主题，"文化霸权"是当今世界所不能容的。而融合翻译策略顺应了当今国际社会的发展趋势，既考虑了源语文化在译文中的保留又照顾到了目的语读者对他者文化的接受和理解能力，从而最终实现翻译的和谐性，促进不同文化间的有效交流。

四、言语行为理论与翻译教学

言语行为早在20世纪50年代就是语言哲学家的研究对象。所谓言语行为是指人们为实现交际目的而在具体的语境中使用语言的行为。言语行为并非"言语的行为"，而是一种交际活动，涉及说话者说话时的意图和他在听话者身上所达到的效果，即言语就是行为。言语行为理论的创始人是英国哲学家Austin。他设想了言语行为的三分说：言内行为（locutionary act）、言外行为（illocutionary act）及言后行为（perlocutionary act）。

言内行为指的是"说话"这一行为本身，即发出语音，说出单词、短语和句子等。这一行为本身不能构成语言交际。言外行为是通过"说话"这一动作所实施的一种行为，如传递信息、发出命令、问候致意等。言后行为指说话带来的后果，即说话人说出话语后在听话人身上产生了哪些效果。例如，"我饿了"这一言语行为，其言内行为就是说出这三个字；言外行为是实施说话人的一种"请求"行为，请求听话人能提供一些食物；对方提供食物与否就是言后行为。在这三种言语行为中，语用研究最感兴趣的是言外行为，因为它是同说话人的意图一致的。说话人如何使用语言表达自己的意图，听话人如何正确理解说话人的意图是研究语言交际的中心问题。

（一）理解原文的内涵

翻译是一种跨语言、跨文化的交际行为。根据认知语用学的观点，要确定话语意义，就必须充分考虑说话人的意图或语用用意、交际场合以及听话人的背景知识、信念、态度等语境因素，而语境因素往往又不止一个，它"可以是语言语境（上下文），也可以是具体语境（交际场合），也可以是认知语境（记忆和知识结构）"，说话人正是通过这一系列语境信息来传达他意欲表达的话语意义。从言语行为角度论述翻译，就是要求译者正确领会原作者的主观意图，教师要使学习者认识到，翻译绝不仅仅是一种从原作到本族语的转换。根据言语行为理论，译者在翻译过程中，不仅要理解原文的字面意义，更重要的是要弄清原作者的真正意图，同时根据不同的交际情景、文化传统、社会条件、思维方式、语言结构和表达方式等有的放矢，才能译出精品佳作来，如例1至例3所示。

例1：It seems to me what is sauce for the goose is sauce for the gander.

对这句话，译者如果不懂得其内在含义就很有可能译成"我觉得煮鹅用什么酱油，煮公鹅也要用什么酱油"。对这一译文，读者会感到莫名其妙，不知所云。译者若能透过表层理解深层意义就可译为"我认为该一视同仁"，从而将作者的原意清楚地表达出来。

例2：Do you think he has it in him? 你认为他干得了吗？

in him/in her/in them 中的"in"常表示"有能力做什么"而不是"有什么"。

例3：The study room had a Spartan look.

这句话涉及了文化背景知识，因为其中包含了一个典故，如果译成"这间书房有斯巴达的景色"，对于不熟悉 Sparta 的读者就不知其所云了。Sparta 是古希腊的一座重要城市，在历史上占有重要的地位，Spartan 是"斯巴达人、斯巴达式"的意思，斯巴达人素以刚勇简朴著称，因此这句话最好译为"这间书房有一种斯巴达式的简朴"，并加注（注：斯巴达人以简朴著称）。

（二）翻译时注意言外之意

翻译最主要、最根本的任务是再现原文的意义。美国翻译理论家奈达说："翻译就是翻译意义。"可见，意义及语用意义是翻译的出发点和归宿点。由此他设计了两种语言的语用原则，推导出原文所示的言外之意并使译文读者理解这一言外之意，使两种不同的语用意义的差异得到沟通、融合。

例1：Out of sight, out of mind.

其言外之意是 persons or things not seen for soon forgoten（看不见的人或物会很快忘掉），意思是看不见就想不起来，所以可译为：别久情疏（眼不见，心不念）。

例2：Amiss is as good as a mile（a failure is always a failure, however near it may be to succeed; a narrow escape is the same in effects an escape by a wide margin）.

再接近成功的失败也是失败，侥幸逃脱与从容脱身都是保全性命。

错误再小终是错，死里逃生也是生。

例3：Lock the stable door after the horse has been stolen.

例3可翻译为"亡羊补牢"，只是英语中的"horse"变成了"羊"而已。然而"亡羊补牢"往往还有后半句"为时未晚"，意思是一群羊跑了几只，再修补羊圈也还来得及，受到损失后想办法补救，免得再受损失。可是，英语的言外之意却是：It is useless to take precautions after something has happened that could have been foreseen and guarded against（原来可以预见或防范的事发生了，再采取措施也无济于事了）。仅有的那匹马被人偷走，再去锁马账的门也没什么意义了，所以英语的言外之意是"来不及"，汉语的言外之意是"来得及"，可见这样翻译比较得体：亡羊补牢，为时已晚（贼走关门，马后炮）。

例4：Given a dog a bad name and hang him. （given a person a bad reputation, slander him, and the bad reputation will remain.）

给某人加上一个坏名声，他就永远洗刷不掉；人言可畏，众口铄金（受人诬陷，有口难辩）。

上面的翻译不仅理解了英语本族语人的语用意义，还适合汉语读者理解，语用意义一致、相通的译文，使原句的语用意义和译句的语用意义达到契合。

下面的译法就欠妥：

例1译为：眼不见，心不烦。

例2译为：差之毫厘，谬之千里。

例3译为：亡羊补牢，犹未为晚。

例4译为：欲加之罪，何患无辞。

所以，教师在教学时，要让学生了解不同文化内涵及其言外之意。英语和汉语之间有着由人类共性所决定的语言共性，这是英汉语之间得以互译的前提。但英汉语言分属于两种截然不同的语系，两种语言在语音、词汇、语法、语义等各方面差异很大。尤其是两种语言根据其语法关系的习惯用法表现在句子结构和表达方式上存在很大的差异，正是这种差异给两种语言的顺畅互译带来了障碍。如American education owes a great debt to Thomas Jefferson，学生原译为：美国教育大大归功于托马斯·杰弗逊。指导后译为：托马斯·杰弗逊为美国教育事业做出了巨大的贡献。学生缺乏对英汉思维差异的了解，过分拘泥于原句的框架结构，导致汉语译文并不十分通畅。在教学中，教师适时地指导学生对两种语言的异同进行对比，增强他们对英汉语言差异的理性认识，力求引导学生在语言学习中自觉探寻并逐步掌握两种语言相互转换的基本规律，掌握英汉互译的基本原理知识和常用技巧，以便有效地指导自己的翻译实践，提高自己的翻译能力。

第五节 各地大学翻译教学模式研究

随着经济全球化的进一步发展，中国与世界的交往日益频繁，对外交流的范围日益广泛。因此，社会需要更多的翻译人才，对翻译的要求也越来越高。这对大学英语翻译教学提出了更高的要求。因此，相关学校必须不断地吸取其他国家翻译教学的经验和教训，改革目前的翻译教学模式。在发扬传统翻译教学模式优势的同时，与时俱进，根据时代和社会发展的特点，积极探索和尝试新的教学模式。

近几十年来，欧美不少国家极为关注翻译教学的研究和发展，培养了大批专门人才，提出了不少有关的理论和实践问题，翻译教学体系不断发展并逐渐走向完善。然而，由于种种原因，我国的翻译教学发展并未得到应有的重视和足够的研究，仍存在许多问题：课程设置随意性强，教学计划较为混乱，很难达到既定的教学目的等。如果想尽快地弥补这些差距，就有必要借鉴一些先进的理论和方法，博采众长，以期建立一个严谨的翻译教学体系。这里以翻译教学开展较好的英国和法国两个国家作为例子进行介绍。

一、英国翻译教学现状

英国的翻译研究在世界翻译研究领域中占有重要的地位，无论是纯理论研究还是应用性研究，其成就都极为辉煌，是世界翻译史上的一面光辉旗帜。近些年来，翻译教学作为一门独立学科发展迅猛，表现出其特有的教育理念，值得研究和借鉴。

（一）翻译教学思想和教学体制

从翻译教学的思想来看，在20世纪50年代以前，翻译基本上被看成一种技能，缺乏明确的理论指导。正如汉斯·弗米尔（Hans Vermeer）所言："翻译教学实际上传授自下而上的语言技能（bottom-up skills），即学生是学习单词、词组、句子，理解文章的意义，然后再用母语表达所理解的意义。"教授方式也十分单一，只是靠老师的言传身教，缺乏系统性和科学性。从20世纪50年代早期到整个60年代，翻译被认为是"应用语言学的一个分支"，语言学的研究成果确实给翻译研究注入了生命活力。在这个时期，翻译教学的任务是让学生学会根据上下文来确定待译文本中语言要素的意义，然后在目标文本中寻求最恰当的对等语言单位。20世纪70—80年代以来，翻译研究从其他学科的"理论框架和方法论中吸取了更多的营养"，如心理学、交际理论、文学理论、人类学、哲学、文化研究等，功能主义的翻译教学方法因此逐渐兴起。翻译不仅是不同语言之间语言单位的转换，还是跨文化交际。翻译教学的目的是培养能够进行跨文化交际的人才，译文必须在目标文化中产生预期的作用，发挥相应的文化功能。

从翻译教学的体制结构来看，20世纪70年代以前，译者培训机构形形色色，有政府机构、国际组织、职业协会，甚至大型企业或私立学校，当然也包括大学的系和独立的学院。20世纪80年代至90年代初，职业培训和学校教育之间原来森严的壁垒逐渐消除，许多职业学校、技术学院、培训机构逐渐合并于国家正规大学的教育体制，原来独立的翻译培训机构基本上不复存在；大多数翻译培训项目转而设在大学原有的语言学系、文化研究中心，或成为大学中跨学科研究学科。大多数的培训项目学习时间并不太长，目的是在学生原有本科教育基础上提高特定的翻译能力。学校授予的翻译学士学位和硕士学位使翻译教育在高等学府中的存在更具有学术性和合法性。许多大学还设立了翻译研究博士学位，翻译研究从此摆脱了纯粹经验性的对比研究，开始与传统的语言学、比较文学和社会文化研究融为一体，成为全方位的理论与教学方法的研究对象。另外，由于实证主义思想的影响，高等教育人才培养模式开始逐步"走向市场"，传统高校陆续开设实用性强的翻译教学项目，其翻译教学体现出面向社会的特色。

（二）翻译教学模式

英国本科阶段开设翻译专业的大学不多，大约只占1/3。研究生层面的翻译教学比重偏大，教学培养模式呈多元化趋势，而且不同类型的翻译教学由于培养目标和培养方式的差异，在课程设置和师资配置上不太一样。纵观近几十年翻译教学的发展，英国的翻译教学可粗略地划分为下面四种培养模式：

1. 以会议翻译（口译）培训为主的职业培训

培养模式是各大学举办翻译培训班，学生学习结业后发给翻译证书或翻译文凭。这类学校继承了法国巴黎高等翻译学校的培训模式，培养对象以口译或会议翻译人才为主。这类教学积极应用达尼卡·塞莱斯柯维奇（D.Seleskovitch）的释意理论，将翻译视为交际行为而不是交际结果，注重翻译中译员的心理过程。此外，译者被看成画家而不是摄影师，译者必须传译的是原作的思想而不是词句和语言结构，也就是说，翻译的单位是篇章，是话语，而不是词或句子。这类学校注重技能训练，强调训练程序与方法。教学中重视培训译员听懂篇章的意义、分析内容、利用形象化等手段记忆信息内容、归类、听懂并记住数字，复活大脑的被动记忆，并学会一边听、一边译，使语言表达清楚准确。教授翻译的人员大多是职业会议译员或译者，同时懂得教学法；要求学生的第一外语或第二外语达到理解无特殊困难，母语表达准确、贴切、娴熟的程度，其智力和分析综合能力及文化修养应达到较高水平。课程设置除了即席翻译和同声传译外，还讲授经济、法律、语言学、翻译理论等课程。为保证学生熟悉未来职业，学校常邀请一线的口笔译工作者来校讲学以保证学生与该行业职业者接触，并常在毕业前安排学员赴校外相关机构或国际组织进行实习。

2. 语言学理论模式为基础的教学方法

以德国翻译教育家 W. 威尔斯（W.Wils）的语言学理论模式为基础的教学方法。这种模式主张将专业知识的翻译视为应用语言学的范畴。在四年的翻译教育中将语言的学习与翻译技巧的训练结合起来，以培养复合型翻译人才。

其培养模式以海里奥特 - 瓦特大学（Heriot-Watt University）语言学院苏格兰口笔译研究中心为代表。其培养目标、课程设置和教学方法充分体现出翻译语言行为的理论思想与特点。口笔译研究的培养目标是使语言学的毕业生掌握宽泛的口笔译特殊技能，以适应多种职业的要求。其博士学位的主要研究方向是口笔译研究、话语语言学和交际学。口笔译研究中心开设的主要课程有对比语言学，翻译理论，准备和现场翻译，笔译研究，会议与联络翻译，改写、编辑、摘要与校对，科技与翻译，双语社会与文化研究等。

然而，口笔译研究中心的教学内容并不严格地局限于狭隘的翻译，除了语言教学、应用语言研究之外，还要求学生学习社会、文化、政治和经济方面的知识。口笔译专业的研究方向也十分广泛，如技术翻译、机器翻译、文学翻译、媒体翻译、会议翻译、联络翻译和翻译理论等。

3. 功能主义理论的培训模式

以弗米尔为代表的翻译功能学派学者主张考虑译者的翻译环境，不能将翻译局限于语言学或文学的狭隘层面。译者应在跨文化的交际中发挥相应的功能。采用此理论的教学机构在翻译领域或语言学领域的学术实力较强，往往采用学院式培养模式培养专家学者型的翻译研究人才。沃里克大学（Warwick University）英语与比较文化研究中心是这类培养模式的代表。沃里克大学始建于20世纪60年代中期，该校的英语与比较文化研究中心始建于1977年，如今已是英国最大的翻译研究与教学基地，能够授予翻译研究的学士、硕士和博士学位。从中心的名称可以看出，该校的翻译教学与文化的研究紧密联系在一起，教师都是翻译家，其研究兴趣几乎涵盖了文学和文化的各个方面：翻译理论与实践、翻译史、后现代主义批评、马克思主义批评、美国文学、文艺复兴时期的诗歌、英国黑人文学与文化、妇女文学、加勒比海地区研究、后殖民主义文学、爱尔兰研究、英伦三岛比较文学等。课程设置包括核心必修课、选修课和论文写作。翻译研究生的核心必修课包括"翻译与接受研究"和"翻译理论史"。前者将翻译视为"文学变化与发展的塑造力量"，分析考察"不同文化之间文本的传播过程"，考察翻译在文学系统中引进新观念、新形式、新类型的方式，并且考察不同文化的读者接受文本的方式；后者旨在考察翻译理论的起源、翻译态度的变化，以及翻译评价标准的变化和翻译实践模式的变化。翻译研究的选修课程极其广泛，主要有以下几门：诗歌与翻译、戏剧翻译、翻译与性别、翻译与后殖民主义、学习方法论与研究技巧等。学生通常要具有相关领域的知识与经历，并具有相应的学位。可以看出，沃里克大学主要采用学院式的培养模式，培养学术型的翻译人才。翻译类型侧重于笔译，特别是人文和社会科学的翻译，自始至终强调翻译的文化功能、社会影响与接受文化的态度与作用。

4. 计算机辅助教学模式

计算机辅助教学已经在越来越多的学科和课程中得到应用，尤其是计算机智能辅助外语教学，从理论到实践都有令人兴奋的效果。这里以曼彻斯特大学理工学院为典型来研究其教学特点。该校的翻译教学设在语言工程系，是涉及计算机、语言教学、翻译等学科的综合性教学，具有现代高科技特征。该系不仅授予翻译研究的科学学士、硕士、博士学位，而且授予机器翻译的硕士学位。曼彻斯特大学理工学院的语言工程系与其他大学的语言学系或现代语言系的区别在于，该校不仅重视学生的语言技巧、翻译能力的培养，而且强调语言知识的作用，强调对不同语言的学习与训练，要求学生掌握语言学习的规律。他们认为，纯粹的语言能力在多变的市场需求和漫长的个人工作经历中很难使学生永远立于不败之地。学生只有牢固地掌握语言学习的规律、方法与使用技巧，才能更好地迎接挑战。以该系开设的术语学课程为例，学生要掌握术语学的理论框架，利用计算机对术语语料进行分析研究，建立概念结构，认识不同使用者对术语的不同要求，以及术语对信息处理系统的重大作用。

所以，该系的毕业生深受市场欢迎，许多人成为术语学专家、词汇学专家、词典编纂者和文献学专家。该系有关翻译的课程十分丰富，而且富有特色：翻译语言学、翻译方法论、译者信息技术、口译研究、机器翻译、机器翻译评估、计算机辅助翻译、翻译理论、理论语言学、形式语义学、计算词汇学、语料语言学、术语学、言语与语言处理、人工智能以及自然语言处理等。更值得一提的是该系是英国最大的计算机辅助语言学习基地，研究领域涵盖了语言学习、语言学和计算机语言学等纯理论研究和应用研究，主要研究课题包括语言工程、理论语言学和翻译研究。

（三）翻译教学特点

1. 英国的翻译教学在教学中注重实际

各个学校都比较注重外语能力、母语能力、翻译能力、实际技能、计算机操作技能和专业知识的培训。各个学校善于根据学生的实际情况和国际上对翻译人才的需求，探索有效的翻译教学模式，教师对翻译教学的研究多有创新，较少跟在其他欧洲国家后面亦步亦趋，较少照抄其他国家的研究文献。例如，纽马克的《翻译教程》及其翻译教学的经验就包含了许多实用的观点、事实和例证，以及通俗易懂的方法原则。

2. 英国翻译教学比较注重理论的指导作用

这与英国在世界翻译研究中占有重要地位有关。在当今各个翻译理论流派中，英国都有举世闻名的翻译理论家，如萨瓦里、卡特福德、斯坦纳、纽马克、巴斯奈特、哈特姆、贝克等。英国在翻译研究方面的突出成就和理论创见自然而然地成为翻译教学的重要内容。在有权授予翻译学位和文凭的大学中，2/3 以上的大学专门开设了"翻译理论"或"翻译研究"课程。

3. 英国翻译教学培养模式多元化

这既可以适应不同学生的能力及需要，扩大学生选择学习的范围，使学生有宽广的发展路径，又能为翻译学学科的发展注入永久的活力和生机。英国翻译教学没有一个统一的模式，教学时间长短不一，教学目的各有侧重，教学方法多元互补，教育思想百家争鸣，因此各校的翻译教学各具特色，极大地活跃了学术探索的气氛。

4. 培养模式多途径化

绝大多数大学都将时间较长的学位培养计划分解成时间更短的翻译文凭和证书课程模块。英国硕士培养时间通常为一年，而文凭和证书获取时间更短，不足 10 个月，学费也相应较低。这样灵活多元的培养模式不但较好地满足了社会对各类翻译教学的需求，也在一定程度上实现了教育的普及化和大众化。此外，授课方式灵活多样，除远程教育外，还有全日制、非全日制，甚至"三明治式"课程（指课程学习与工作交替进行，从事新职业的人员可以视其为职前训练以适应新的工作；在职人员则视其为继续深造提升的途径，利用工作闲暇接受训练）。以布里斯托大学（University of Bristol）为例，它所设置的翻译（法英翻译）文凭/硕士课程均在周末开班，非常适合上班族提升自己的职业技能。

在教学评估环节上体现"订单制"也是英国翻译教学的一大特色，各高校根据不同的培养目标，让学生除撰写毕业论文之外，还可以选择多种方式以完成具体翻译作品或项目来毕业。以英国的伦敦大学学院为例，学校开设与翻译研究、翻译技巧、电子交际与出版、翻译技术相关的大量课程，并根据不同培养路径从中挑选课程进行模块组合。学生通过选修不同的课程模块，可以有五种途径（理论与实践途径、电子出版途径、理论途径、翻译实践途径、技术途径）来获取该校的翻译理论与实践硕士学位。不过在这方面，学校必须在教学评估环节上严格把关，使社会真正得到所需的不同层次的翻译人才。

5. 英国的翻译教学紧跟社会需求

不少高校从社会需求和学校办学条件出发，开设了不少新的翻译专业方向的课程，并随之针对培养目标具体安排教学内容，如法律翻译、商务翻译、科技翻译、视听翻译、翻译与写作或专业性笔译、交替传译、同声传译和对话传译等。同时，各高校还通过讲座、中期测试评估等方式让学生了解本身的能力及潜能，并根据就业兴趣及时调整自己的专业方向和培养途径，从而为未来学业及就业做出计划。这样，翻译教学就做到了教学重点突出，实用性强并紧跟市场需求。

研究英国翻译教学，我们可以得到一些启发：英国多元化翻译教学较为成功的一个重要原因是其教学定位清晰，导向明确。一般大学的翻译课往往只是作为语言学习的辅助课程，而不是职业培训。翻译院系又有各自不同的教学目标，每一层次都严格制定，因此才能有针对性地制定教学大纲、开设课程进而选择书目、实施教学。国内目前的翻译教学在人才培养类型、层次等方面与社会需求之间存在较大矛盾。由于翻译人才的培养规格和模式比较单一，长期遵循学术导向的单轨制教学模式已不能与社会需求接轨。另外，翻译教学的学科专业特色并不突出，许多中国大学的翻译课程极少与翻译紧密相关，即使开设了一两门翻译课程，也未必覆盖翻译方面学生必须掌握的基本内容，不能适应市场或学术研究对高级翻译人才知识结构和能力的要求。对此，英国翻译教学为我们提供了一个多层次、多类型的培养模式实例，对我国翻译教学有重要的启示意义。翻译学在中国作为一门新型学科正在发展之中，应当在翻译教学领域进行大胆改革，使之紧跟社会步伐。

二、法国翻译教学现状

在法国的文化生活中,翻译有着举足轻重的地位。随着社会的发展与国际交流的日益频繁,翻译将占有越来越重要的地位。在法国,直接或间接从事各种翻译的人员也越来越多。培养译员是一项重要的任务,法国在翻译人才的培养方面,积累了相当多的经验,翻译教学比较受重视。

法国有专门培养国际会议译员和职业翻译的学校,例如巴黎高等翻译学校和高等翻译学院。也有不少综合大学、文科院校有翻译系或开设翻译课程,如东方语言学院、巴黎第七大学等,但院系名称有所不同,有的称"翻译系"或"文学翻译系",有的称"语言与技术系"或"翻译与交际系",还有的隶属于"文学""语言学""社会人文科学""经济法律"等专业,或归属于"外国语言应用"或"跨文化研究"专业。除此之外,更多的是教授语言的学校,他们沿袭传统的做法,在语言学习期间开设翻译课程。由此可以看出,接受翻译训练的不仅有语言专业的学生,还包括部分人文和理工科专业的学生,从大学新生到硕士和博士,层次不等。部分学校有授予翻译学硕士和博士学位的资格,另一些学校则授予相关专业职业文凭,对在职人员进行口笔译实践培训,或指导学员从事翻译理论研究。

(一)翻译教学培养模式

法国的翻译教学可以分为职业翻译培训、与其他专业方向配合的翻译教学和以教授语言为主要目的的翻译教学。按照心理教学法理论,"教学目的、目标、方法和手段不能从一个专业照搬到另一个专业,而应该对其进行思考,以使其适应当前教育遇到的新形势"。培养目标不同,教学内容、方法和手段必然各异。

1. 以职业培训为目标的翻译教学

(1)巴黎高等翻译学校

该校专门为联合国教科文组织、北大西洋公约组织等国际机构培养国际会议译员和笔译人才,学生来自全球的各个国家,涉及四十多种语言。该校招收对象为文、理、法、社会学各科大学毕业生,新生没有数量限制,但入学考试十分严格,除对翻译需要的相关能力的考查外,还对其未来将适用的工作语言水平要求很高。学校下设三个系:口译系、笔译系和研究生系。口译系学制两年,第一年学习即席翻译,第二年学习同声传译,同时开设经济、法律、语言学、翻译理论、术语学等课程,每周总课时大约24小时。笔译系学制一般为三年,第一年开设基础翻译课,第二年开设经济翻译课,第三年开设科技翻译课，同时开设口译系翻译除外的其他课程。两个系还同时开设母语及外语进修课（每门 1.5 小时 / 每周）。两年或三年学业期满，考试及格或论文获得通过者分别发给"会议口译人员高等专家毕业文凭"和"笔译人员高等专家毕业文凭"。学生毕业后，大部分投考各国际机构的翻译部门，也有一部分毕业生为了工作自由不投考国际机构而分别向各国有关机构申请自由译员的工作执照。70 多年来，该校为联合国、欧盟以及西方各国的外事部门培养了一批又一批的高级翻译人员。

巴黎高等翻译学校以塞莱斯科维奇的释意理论为翻译教学的理论基础，该派理论运用语言学、逻辑学、心理学的成就来阐释翻译的理解和表达过程。其核心思想正是对穆南、贝尔尼埃和阿尔比的语言学译论的继承。这一核心思想就是：翻译的主要目的是译意，而不是原语的语言外壳；提倡在翻译中进行"文化转换"。释意理论提出的翻译程序是：理解、脱离原语语言外壳和重新表达。不可否认，这一翻译理论体系在培养高级口译人才方面是十分有效的。巴黎高等翻译学校的一个重要特色，就是极为重视翻译教学理论的研究，推出了一系列翻译教学研究专著。在翻译教学理论研究方面，针对翻译教学的性质、特点、目标、方法，进行了较为系统的探索，提出了许多富有启迪意义的观点，总结了可资借鉴的经验。比较有代表性的成果有杜里厄的《科技翻译教学法基础》、拉沃的《翻译在语言教学法中的作用》、巴拉尔的《翻译——从理论到教学》《大学中的翻译：翻译教学研究与建议》、勒菲阿尔的《笔译推理教学法》等。

（2）雷纳第二大学

该校颁发多语种多媒体交际工程学职业文凭。用十年左右时间发展起来的"语言和技术"专业主要为翻译机构或公司培养英、法、德语笔译人员。这所学校的培养模式同布鲁塞尔玛丽·哈蒲斯自由学院接近，但不培养口译人员。学生毕业后以担任翻译、审校、译审、项目负责人等为主。该校的特点是把翻译教学同计算机的使用和专业术语研究及企业需求紧密结合。例如，该校于 2004 年 8 月出版了《奥林匹克英法实用词典》。该专业指导教师出版了翻译理论研究专著十几部，研究成果丰硕。

雷纳第二大学教授瓜岱克在他撰写的《描述翻译和概要翻译》中根据职业翻译特点和程序提出了渐进式的翻译教学模式。描述翻译旨在寻找文件所有重要线索，说明理解阐释文本的环境和条件，找出并翻译关键词，说明主题或主要议题；概要翻译则使用与文件语言不同的语言介绍主要内容和情况。按照瓜岱克的说法，描述和概要翻译是所有翻译不可或缺的基本能力，是职业翻译的最经济模式。从教学法的角度讲，这是尊重学习进度的理智方法，可以帮助学生理解要翻译的文件，建立合理的术语库。译者通过资料查询进行跨文化、跨语言实践和审校实践。

该校翻译专业确定的培养目标是：毕业后能在翻译公司或类似机构承担职业翻译、译稿审校、专业术语研究、信息管理、项目管理等工作。该校的"多语言多媒体交际工程学"把翻译培训同广泛意义上的交际和信息传输结合起来，把翻译训练同术语研究结合在一起。换句话说，每一专业翻译训练结束后，学生都要将该领域术语输入计算机进行处理，以供有关企业和个人使用，或编辑成字典出版。

随着互联网的广泛应用，不少大公司希望随时从全球各地的网站上了解行业信息，因此对翻译有了新的需求，他们通常不是让翻译公司完整翻译网上的内容，而是要求译者采用"描述"或"概要"形式对原文进行适当的压缩和摘编，即编译、摘译或译述等，然后视信息情况决定是否需要翻译全文。这也是"描述"和"概要"翻译训练进入培训内容的原因之一。

2. 专业翻译研究与翻译培训

（1）里昂第二大学

该校的语言学和应用语言学专业将语言学同术语研究紧密结合，术语研究重点是医学（以医药学为主）和环保专业。硕士生在学习相关专业的同时在导师指导下从事以法英、法阿、法德为主的双语术语翻译研究。该校与法国国家科研中心合作和下属的二十多所研究教学单位在以上两个领域的术语研究成果在国内外都享有盛誉。毕业生可以直接进入相关领域从事教学、翻译或其他工作。里昂第二大学为语言学系或商务及法律系的研究生开设了专业口笔译课程。其授课方法为职业翻译培训，强调翻译思维能力的训练和方法论的应用。

（2）卡昂大学

该校开设法律、人文、语言、自然科学等专业，颁发硕士和博士文凭。人文科学下设的跨学科人文科学研究中心培养硕士和博士生。课程以心理语言学、生理学、口译心理和认知科学为主，最具特点的是从跨学科角度研究语言、认知和非语言因素对儿童语言发展及对交际的影响，近几年对会议口译程序的认知和心理语言学研究取得了初步成果，在翻译界和心理语言学界产生了一定的影响。

3. 教学翻译——语言教学的一种手段

法国另一些学校也开设翻译课程，但其目标并非培养职业翻译人员。参加培训的学员毕业后可从事职业笔译，也可从事与翻译没有直接关系的工作。

里昂第二大学的外语语言应用专业、拉罗歇尔大学的亚洲商务专业、蒙彼利埃第三大学的外语语言应用专业、里昂第三大学的外语语言应用专业、埃克斯-昂-普罗旺斯大学的语言学及外语语言应用专业与东方语言学院的语言和文化专业等均属于这种情况。翻译在语言教学中只是一种教学手段，目的是帮助学生理解原文的语法、词法等，逐渐用准确的外语表达思想。随着翻译学研究的不断深入，语言教学更多地引进交际法，课堂上出现了"模拟"交际场景，原来的单词翻译扩展到句子，句子翻译扩展到连贯的短文翻译，而且教师也在翻译前提供与交际场景相关的信息，更多地注意翻译过程，改善教学环境，学生在交际中学习和掌握外语的速度加快。

（二）翻译研究和翻译教学的特点

1. 翻译研究的跨学科现象

研究显示，法国各个高校的翻译教学和翻译研究已经远远超出经验论阶段。如果说翻译也是交际，而交际的目的是交流思想，那么翻译的对象自然是思想和意义。问题是意义又是如何形成的？语言学研究成果对翻译学研究有很大帮助，但不能完全解释翻译中出现的问题和现象。心理语言学研究成果揭示了译者在翻译过程中言语理解的形成和言语表述的过程。认知科学告诉人们，"意义的形成并不只是言语成分的简单组合结果"，人们还必须了解人类表述的不同方式。由此而论，语言只是意义构成的一个成分。翻译研究不可能停留在简单的语言分析层面，还要关注交际中人与人、语言与其他因素的关系，而想研究这些关系必须走跨学科的道路。巴黎高等翻译学校的释意派理论率先超越语言学研究范畴研究职业翻译，卡昂大学则借助心理语言学研究成果从跨学科的角度深入研究会议口译程序，该校的一位在读美国博士正在从心理语言学的角度研究手势对国际会议译员理解的影响，试图说明语言、韵律和手势三者在交际中的关系。应该说，无论是巴黎高等翻译学校的职业口笔译训练，还是雷纳大学的职业多语言多媒体交际工程培训，或是里昂第二大学的硕士生口笔译教学，甚至是一些学校的教学翻译，在解决语言问题的同时，大家都对认知知识的准备、获取和在翻译中的激活给予了越来越多的重视。

2. 翻译研究和教学与其他专业结合的倾向

随着经济全球化，经济、政治、法律、文化、体育、卫生等各领域对相关专业的翻译需求在快速增长。正是由于这个原因，法国的一些高校开设了专业翻译课，目标是培养既懂专业又接受文化和语言训练的翻译或专业人员。翻译教学与术语研究的结合可以说是法国大学翻译教学的一个特点，凡有意从事专业翻译的各类人文学科和理工科的学生都能在进行专业学习的同时接受翻译培训。法国里昂第二大学的医学和环保专业、卡昂大学的心理语言学和认知心理学专业的翻译教学便是很好的例子。

此外，翻译研究的发展还逐渐形成国际化合作趋势，主要表现在：一是通过越来越多的国际研讨会集中探讨翻译研究方方面面的问题；二是通过合作实验方法，针对某种具体问题从不同角度对该问题进行分析和阐述。这种跨越国界、跨越学科领域的学术交流必将促进翻译研究的快速发展。

法国翻译教学和研究的成果和发展趋势值得我们思考。在严格区别教学翻译和翻译教学的基础上，国内的翻译教学机构应该深入研究如何更好和有效地培养翻译专门人才，同时研究在理工科和人文学科的教学中适当安排职业翻译技能教学，这样做不仅可以尽快提高国内的翻译教学质量，为市场培养更多的专门翻译人才，而且能让更多的有一技之长的青年承担不同领域的翻译工作，让更多的人直接参与到中国与其他国家之间的交流当中，为中国走向世界和世界走向中国搭好交际之桥。

三、德国翻译教学现状

德国有着良好的翻译理论传统。德国功能学派的研究对后续的理论研究，以及翻译教学都有深远的影响。

（一）基于现实生活的文本翻译的翻译教学模式

与英国相比，德国的大学一直注重翻译专业人才的培养，并认为每个人都应该享受大学层面的教育。这种专业的教育使得学生要在学校里花上很长的时间。例如，一个想要在接受培训后成为教师的学生要在学校里花上四年半的时间，这还要看学校类型以及学生走完整套教学体系所花的时间，实习教师要在学校里实习两年，才能成为合格的教师。然而，大学所提供的这种学术训练并不见得是为将来的专业需要所设计的。在德国，英语教授实际上是英国文学教授，而文学作品的选择也是因教授的个人研究喜好而定的，并没有考虑课程要求。一般认为，学生的语言能力在入学前就已经获得。在这种情况下，学生语言技能的提高被视为无用的装饰。在1981年做的一项有关语言课程的调查显示，大概有三分之一都是翻译——译出或译入，而学生的语言能力并没有得到提高。考试通常采用改写与翻译的方法，考试用的文章可能是从某一文学作品中抽取的。考试不允许用字典。改写是考查学生运用外语的能力；翻译是考查学生对外语的理解力和将外语文章改写成母语文章的能力。但这种考试并不能考查翻译能力。

随着经济全球化的进一步发展，国际交流与合作不断加强，德国的翻译教学也开始与之前的那种翻译模式、纯文学翻译的外语教学分离，转为基于现实需要的文本翻译的教学模式。这种翻译教学模式并不是要培养专业的翻译者或口译者，而是为了使所有专业语言研究人员能够具有处理日常的或非正式的翻译工作的能力，并能够监督公共的或正式的文本翻译的质量。对于在训练时翻译文本的选择，也要是那些在真实生活中可以或应该被翻译的文本，比方说某个特殊的客户所需要的，某个特殊目的所需要的，或是要对某个特殊观众所说的文本，这样一来学生就可以处理真实的翻译任务了。在翻译课上，教师可以和学生共同探讨所选择的文本，以及其被翻译的必要性；它的可能读者；为适应目标读者需要，译者要对该文本做哪些调整等。任务可以由小组成员合作完成。那些在翻译中可能遇到的问题，比如数字、数据的处理，特定时间，人名、地名，文章修改，文化内容等都可以加到翻译教学中。德国的杜伊斯堡大学采用了这种基于现实生活的文本翻译的翻译教学模式。这里的学生只有外语专业水平达到一定程度才可以开始翻译工作。第一学期是翻译基础课程，学习翻译的各个方面。比如对不同词汇项的翻译，如何合理使用字典和其他材料资源，对文化因素的翻译，如何调整文本以适应特定读者，语域分析，文本类型，相同文本的不同翻译等。之后的两个学期要学习德译英和英译德。最后一学期是选修课程——学生翻译工作组。这个课程的教师一般都是目的语的本族语者。学生可以在翻译过程中发现很多专业翻译所遇到的问题，并且可以学习如何使用参考资料以及如何加快翻译速度等。

基于现实生活的文本翻译的教学模式也是值得我国大学英语翻译教学学习的。文学翻译对于大学外语系的学生来说难度较大，并且对于未来职业需求意义不大。在我国进行大学英语翻译教学时，可以根据学生所学专业和未来职业需求设计翻译教材，翻译的文本可以是科技、商务、旅游和法律等内容。

（二）基于培养文学翻译的翻译学院——杜塞尔多夫大学

以上提到的基于现实生活的文本翻译的翻译教学模式是为了培养更多的具备一定翻译素养的专业人才。由于德国所处地理位置、地缘政治和历史等原因，德语和德国民族文学的形成与发展在很大程度上得益于外国文学的翻译，因此文学翻译在德国也占有一定的市场。德语文学史上的许多著名诗人、作家，从歌德、席勒到霍夫曼斯塔尔、里尔克、格奥尔格，再到第二次世界大战后的埃里希·弗里德、伯尔、汉特克和恩岑斯贝格尔，都曾翻译过外国文学作品，为外国文学在德语区的传播做出了贡献。按翻译作品数量计算，德国远远超过英、法等国，但是翻译作品的质量不尽如人意。受传统观念影响，译事不为学界看重，译者的社会地位较低，报酬也偏低，多数情况下不能靠翻译稿酬维持生计。截至1987年，在正规的高等教育院校中没有设置专门培养文学翻译人才的专业，对外国文学作品的书评也很少涉及翻译本身的问题。

针对上述情况，杜塞尔多夫大学文学院以法国文学专家尼斯教授为首，汇聚了对跨国界跨文化的语言与文学交流及翻译理论感兴趣的一批教师，他们深感有必要成立一个新的专业，制订完备的教学计划，更科学、更系统地培养文学翻译人才。他们认为，面对不断扩大的职业需求，传统的、通过自学摸索的方式造就文学翻译人才的办法，无论对译者、出版社和读者都是事倍功半，不能再继续下去了，这一重要的跨文化传播工作的职业化已刻不容缓。

杜塞尔多夫大学文学翻译专业教学计划规定，学制（包括毕业考试）为4年3个月，达到毕业要求须完成的课时为160个学期周课时（修读一门一学期、每周2课时的课程可获2个学期周课时）。其中必修课和限制性选修课计148个学期周课时，与其他文科专业相比，任选课比例稍低一些。完成教学要求、通过毕业考试者获翻译硕士学位。可供选择的外语为英、法、西、意，因为这四种语言的译本占全部翻译作品的五分之四。学生须从这四种外语中选择一门主修专业方向和一门辅修专业方向（英法两种语言中必选一门），另外还必须辅修德语（目的语），作为第二门辅修专业方向。主修外语占总课时的一半，即80个学期周课时，两个辅修语种各占40个学期周课时。这就是说，学生至少须掌握两门外语，能翻译两种语言的文学作品。文学翻译专业十分注重理论与实践的结合。教学计划规定，每个专业方向（包括主修和辅修）的教学都包括理论性课程与实践性课程两方面。以主修专业方向为例，学术性、理论性课程必须修满36个学期周课时（必修课），其中语言学和文学各占16课时，具体课程有语言学导论、语言史、20世纪语言、词汇学、语义学、句法、语言变体、文学导论、文学史、20世纪文学、语篇分析基础、文学的接受、类别文学专题等，翻译比较占4课时。语言与翻译实践课、必修课与限选课共须修满32课时，具体课程有语法对比、词汇对比、成语对比和大量的文学翻译实践课，以外译德为主。这里，文学的概念比较宽泛，既包括严肃文学和消遣文学，也包括讲究文笔的人文科学文章。在翻译实践课中，学生要练习翻译各种文学门类和体裁的文章，如散文、小说、随笔、韵文、戏剧、舞台剧、广播剧、影视作品以及论说文等。到高年级时，每个学生都须选择一个重点领域，深化提高。另外还有跨语种的、以翻译学中普遍的共同问题为内容的课程（占8课时），如翻译导论、翻译理论、翻译史和翻译工作者职业概貌。特别要指出的是，该专业在传授理论知识中，力求避免为理论而理论的经验式教学，注重从实践中总结出来，又能反过来指导翻译实践和翻译批评的理论。正像负责文学翻译专业的院长代表尼斯教授强调指出的那样："大学学习不能代替实践，但我们力求给学生贴近实际的理论，传授技能和背景知识。"培养学生的独立工作能力，提高他们在劳动市场上的竞争力，使他们尽快适应毕业后的职业工作，把所学理论知识应用到实践中去，是该专业办学的指导思想之一。

参考文献

[1] 朱风云，谷亮. 英汉文化与翻译探索 [M]. 北京：北京理工大学出版社，2017.

[2] 张娜，仇桂珍. 英汉文化与英汉翻译 [M]. 成都：电子科技大学出版社，2017.

[3] 胡蝶. 跨文化交际下的英汉翻译研究 [M]. 长春：东北师范大学出版社，2018.

[4] 李华钰，周颖. 当代英汉语言文化对比与翻译研究 [M]. 长春：吉林人民出版社，2017.

[5] 马骏. 衔接理论视角下高校英汉文化翻译课堂教学的重构探究 [J]. 内蒙古财经大学学报，2019(03):111–113.

[6] 宁元梅. 文化语境对语言翻译的影响——以英汉翻译为例 [J]. 现代交际，2019(11):77.

[7] 张昳，庞宝坤. 适应选择论视域下的英汉翻译：语言上要归化，文化上要异化 [J]. 海外英语，2019(09):148–149.

[8] 曾志新. 文化差异对英汉翻译的影响 [J]. 黑河学院学报，2019(04)：199—201.

[9] 薛绯绯. 中西文化差异影响下的多元化英美文学作品英汉翻译分析 [J]. 海外英语，2019(08):52–53.

[10] 马国志. 文化视域下的英汉习语对比与翻译 [J]. 科教文汇（上旬刊），2019(03)：180–183.

[11] 邱能生，邱晓琴. 文化差异背景下英汉习语翻译的异化和归化处理探微 [J]. 上海翻译，2019(01):51–56.

[12] 王雅萱. 英汉文化差异对翻译的影响 [J]. 中国物流与采购，2019(03)：61–62.

[13] 贺怡雯. 浅析文化语境在英汉翻译中的作用 [J]. 中国民族博览，2019(01):92–93.

[14] 雷晓宇，王治江. 英汉习语翻译中的文化共享与文化亏损 [J]. 华北理工大学学报 (社会科学版)，2019(01)：132–136.

[15] 陈诚. 英汉文化差异对翻译的影响 [J]. 湖北开放职业学院学报，2018(24)：145–146.

[16] 陈佳媛. 英汉动物习语的文化内涵比较与翻译策略 [J]. 黔南民族师范学院学报，2018(06)：69–72.

[17] 李子娟. 英汉翻译中处理文化差异的翻译策略 [J]. 英语广场，2018(11)：33–34.

[18] 高昌斌. 关于英美文学作品英汉翻译与中西文化差异关联的研究 [J]. 智库时代，2018(44)：273–274.

[19] 徐劼成. 英汉文化差异视角下习语翻译的归化与异化 [J]. 吉林广播电视大学学报，2018(10)：157–158.

[20] 周桂林. 英汉礼貌语文化价值差异及其翻译 [J]. 湖北函授大学学报，2018(17)：172–173.

[21] 顾薇. 文化差异视角下英汉隐喻翻译策略研究 [J]. 海外英语，2018(17)：114–115.

[22] 张兰舒. 跨文化交际视域下的英汉翻译 [J]. 农家参谋，2018(17)：163.

[23] 杨宇. 英汉翻译中的跨文化特征及其异化研究 [J]. 课程教育研究，2018(33)：111.

[24] 雷隽博. 英汉互译中的文化因素及翻译策略 [J]. 佳木斯职业学院学报，2018(08)：371.

[25] 崔振芳. 英汉文学作品中的文化差异及翻译 [J]. 晋城职业技术学院学报，2018(04)：78–81.

[26] 陈雪，徐丽华. 英汉隐喻的文化差异与翻译策略 [J]. 渤海大学学报 (哲学社会科学版)，2018(04)：106–110.

[27] 王晶，史正刚. 高校英语专业英汉翻译教学的民族文化融入及应用研究 [J]. 贵州民族研究，2018(06)：243–246.

[28] 张晶晶. 从跨文化视角论英汉习语的翻译 [J]. 沈阳建筑大学学报 (社会科学版)，2018(03)：309–313.

[29] 邱光华. 英汉翻译中的跨文化视角转换及翻译技巧 [J]. 英语教师，2018(11)：70–72.

[30] 艾圆媛，张华. 关于英汉翻译中文化语境的作用分析及逻辑方法论 [J]. 海外英语，2018(06)：112–113.